新媒体环境下图书馆阅读服务模式创新

田晓丽 著

群言出版社
QUNYAN PRESS

·北京·

图书在版编目（CIP）数据

新媒体环境下图书馆阅读服务模式创新 / 田晓丽著
. -- 北京：群言出版社，2022.12
ISBN 978-7-5193-0801-8

Ⅰ．①新… Ⅱ．①田… Ⅲ．①图书馆服务－研究
Ⅳ．① G252

中国版本图书馆 CIP 数据核字（2022）第 256152 号

责任编辑：张文斌　卢　珊
封面设计：知更壹点

出版发行：群言出版社
地　　址：北京市东城区东厂胡同北巷1号（100006）
网　　址：www.qypublish.com（官网书城）
电子信箱：qunyancbs@126.com
联系电话：010-65267783　65263836
经　　销：全国新华书店

印　　刷：三河市明华印务有限公司
版　　次：2022年12月第1版
印　　次：2022年12月第1次印刷
开　　本：710mm×1000mm　1/16
印　　张：11.25
字　　数：225千字
书　　号：ISBN 978-7-5193-0801-8
定　　价：72.00元

作者简介

田晓丽，女，1983年10月出生，河南省荥阳市人，毕业于安阳师范学院，本科学历，现在桂林电子科技大学图书馆任馆员，助理研究员。研究方向：图书馆服务学。主持并完成地厅级科研项目两项，参与国家级及省部级项目多项，发表论文十余篇。

前　言

　　图书馆是人类知识的海洋，在当前社会，随着国民阅读水平的提升，人们对图书馆的要求日益提高。图书馆传统的阅读服务模式较为陈旧，馆藏资源以纸质书籍为主，读者需要前往图书馆借阅图书。随着网络的发展，这一模式开始转变，但网上借阅流程相对复杂，仍然不能满足广大读者的阅读需求。新媒体时代的到来，要求此模式必须进一步升级，满足读者更多的个性化需求，促进图书馆行业朝着数字化、智能化的方向发展。因此，当代图书馆应坚持以人为本的服务理念，使用新技术，对阅读服务模式加以创新。

　　本书共七章。第一章为绪论，主要阐述了新媒体的概念与特点、图书馆阅读服务的概念与特点、图书馆阅读服务的基本原则、新媒体应用于图书馆阅读服务中的必要性等内容；第二章为图书馆阅读服务的历史与现状，主要阐述了图书馆阅读服务的发展演进、图书馆阅读服务的现状、新媒体环境下图书馆阅读服务的机遇与挑战等内容；第三章为新媒体在图书馆阅读服务中的应用，主要阐述了新媒体在读者阅读需求挖掘与提取环节的应用、新媒体在阅读内容推送环节的应用、新媒体在阅读内容升华环节的应用等内容；第四章为新媒体环境下图书馆立体阅读服务模式，主要阐述了立体阅读概述、立体阅读服务的构成要素、新媒体环境下图书馆立体阅读服务模式的构建等内容；第五章为新媒体环境下图书馆移动阅读服务模式，主要阐述了图书馆移动阅读服务概述、国内外图书馆移动阅读服务的实践应用、新媒体环境下图书馆移动阅读服务模式的创新等内容；第六章为新媒体环境下图书馆阅读推广服务模式，主要阐述了图书馆阅读推广概述、图书馆阅读推广服务的特点及完善途径、新媒体环境下图书馆阅读推广服务模式的创新等内容；第七章为新媒体环境下图书馆阅读服务优化策略，主要阐述了新时期图书馆的发展与未来、新媒体环境下图书馆阅读服务的优化等内容。

　　笔者在撰写过程中，借鉴了许多前人的研究成果，在此表示衷心的感谢！并衷心期待这本书在读者的学习生活以及工作实践中结出丰硕的果实。

　　探索知识的道路是永无止境的，本书还存在着许多不足，恳请前辈、同行以及广大读者进行斧正，以便改进和提高。

目　录

第一章 绪论

随着时代的发展和社会的进步，新媒体技术逐渐运用到了图书馆的阅读服务中，给图书馆的阅读服务工作带来了极大的便利。新媒体的现代化功能在一定程度上促进了图书馆与时俱进，因此，新媒体的应用在图书馆服务中具有不可忽视的作用和必要性。本章分为新媒体的概念与特点、图书馆阅读服务的概念与特点、图书馆阅读服务的基本原则、新媒体应用于图书馆阅读服务中的必要性四部分，主要包括新媒体概述、图书馆阅读服务概述、以人为本原则、社会主义文化事业发展的需要等内容。

第一节 新媒体的概念与特点

一、新媒体概述

（一）新媒体的概念

新媒体通常也指新媒介，即"New media"一词，该词最早由美国哥伦比亚广播电视网技术研究所所长戈尔德马克在其一份商品计划书中首次提及。1969年，美国传播政策总统特别委员会主席 E. 罗斯托向时任总统尼克松提交的报告书中多次使用"New media"一词，新媒体逐步成为全球热门话题。

随着互联网技术的进一步发展，手机逐渐成为继纸媒、广播、电视和互联网之后的第五媒体，这一说法成为人们的共识。"新媒体"的定义也因此得到进一步扩展。有关新媒体的研究领域也在不断深化和延伸，但"新媒体"一词的定义，学界至今没有给出一个统一的答案。国外学者将新媒体定义为一种数字媒介，在二进制代码的作用下实现信息的储存、传递和交换；联合国教科文组织将其定义为一种以数字为依托、以网络为载体的信息传播媒介；早前更有"新媒体就是网络媒体"的说法。由此可见，新媒体与互联网、数字技术、移动媒体等密不可分。

国内学者对新媒体的研究虽然起步较晚，但在该领域仍有独到的见解。北京师范大学教授喻国明指出，新媒体应具备数字化、碎片化、去中心化以及全民参与等特征；中国人民大学教授匡文波认为，新媒体是一个相对且宽泛的概念，当前严谨的表述应当是"数字化互动媒体"，具有数字化、互动性的基本特征。

总而言之，新媒体本质上是基于传统媒体产生的一种概念，其"新"体现在两方面：一方面体现在新媒体诞生晚于传统媒体，并对传统媒体进行了"批判性继承"；另一方面体现在新媒体有效适应当前媒体环境，给公众带来了强大的新颖性。

（二）新媒体的分类

新媒体涵盖了通信卫星、光缆电视、移动电话、计算机以及国际互联网等一切新发明的信息传播技术，其最根本的特性是数字化。新媒体通过终端平台不断融合交互技术迅速发展，多种技术的融合使新媒体的范围持续扩大，但其总的发展趋势是媒介技术的聚合和人性化。从发展阶段和发展程度来分析，新媒体可以分为以下三类。

1. 数字新媒体

数字新媒体是以信息科学和数字技术为主导，以大众传播理论为基础，以现代艺术为指导，将信息传播技术应用到文化、艺术、娱乐、商业、教育和管理等领域的科学与文化高度融合的媒体。数字媒体技术主要包含场景设计、角色形象设计、程序设计、人机交互技术等。

2. 网络新媒体

网络新媒体是基于互联网的新媒体形式。它通过互联网平台进行传播，如微信、微博、App、小程序、网络搜索平台等。互联网传播范围广的原因在于它的成本较低，打破了空间的局限性，传播信息的速度快，且互动性较强，容易实现人与人之间信息的互通，同时能够满足受众的个性化需求。

3. 交互技术参与下的新媒体

新媒体交互技术包括虚拟现实技术（VR）、增强现实技术（AR）、人机交互技术、体感技术、语音识别技术、图像识别技术等。新媒体交互技术在各个领域都有广泛的应用，传播者将交互技术应用于网络新媒体、移动新媒体、线下体验等领域，吸引参与者参与到交互体验中，使其全身心融入体验，为其带来全新的视觉效果以及各种感官体验，既传达了传播者想传达的内容和精神内涵，也得到了参与者的使用反馈。

（三）新媒体对图书馆知识传播的影响

新媒体技术使知识作为一种社会资源、生产要素的地位被空前提高，知识对生产生活的重要作用越来越直观地表现在经济上：拥有相当知识储备的知识分子群体日益成为社会活动的主体，越来越多的智力化的信息资源成为财富创造与经济发展的重要生产资料。

知识经济是基于知识的生产、分配、消费发展而来的，知识被生产出来后，必须依靠知识传播，才能被分配并逐渐进入消费领域，被广大消费者、劳动者使用，从而创造出巨大的经济效益。可以说，知识传播是贯穿知识经济社会整个过程，具有关键推动作用的因素。

图书馆作为培养知识分子、推动科技研发的重要知识传播机构，肩负着知识信息资源有效开发与使用的重要使命。应用新媒体技术有效拓展知识传播功能，有效提升知识传播效率，既是图书馆加快信息建设、提高服务能力的内生动力，也是其提高劳动者科学文化素养、实现科学技术社会化的外在要求。应用新媒体技术，对图书馆知识传播的影响包括以下三个方面。

1. 资源建设服务

馆藏文献是图书馆活动的逻辑起点，更是图书馆工作的核心要义。但传统纸质文献本身只是知识的物质载体，一种知识被物化后的表达形式。作为新型知识载体的数字文献的出现，让人们不再依赖传统纸质文献，而通过移动终端随时随地接收数字文献，足不出户就能获取知识。寻求传统馆藏文献资源与新媒体的有效结合，引进外界数据库资源，丰富文献总量，建设方便快捷的资源平台，成为图书馆发展的必然选择。

另外，资源建设也对图书馆管理提出了新的要求。新媒体知识传播建立在高度数字化、信息化的媒体技术之上，因此，知识传播服务的基础架构和应用系统的建设必须符合业界主流标准与规范。此外，新型数字技术服务要求图书馆馆员拥有较高的综合素质，馆员团队具有成熟的培养体系和先进的服务理念。成熟的数字化技术和优秀的馆员团队相互兼容、拓展，才能形成具有生命力、不断自我完善的新型图书馆管理体制，实现图书馆管理服务转型的长远发展。

2. 沟通与交流服务

随着新媒体技术的快速发展，信息表现形式全面升级，极大地改变了人们获取信息的途径与形式。新媒体的内容生产传播与用户的社会关系紧密相连、相辅相成，打破了传统媒体由专业传播机构垄断生产、单向传播的封闭式信息生产关系。用户作为社会信息生产与传播的主体，在传播过程中的地位逐步上升，进一步推动了传播者与受众之间的力量对比，使传统信息传播者不得不分享其垄断的信息编辑、生产与传播渠道甚至是"把关"权力。在知识传播过程中，读者不再是纯粹的知识信息接收方，更是知识信息的传播者。在新型社交媒体的作用下，读者不仅直接参与知识信息的生产，而且能够进一步向图书馆工作提出疑问、对活动信息发表看法，并寻求图书馆馆员的反馈，对图书馆后续的知识服务内容、形式起到调整作用，进而提升读者对知识信息的接收效率，提升图书馆知识传播的实际效果。

3. 阅读文化建设

校园文化是一种以学生为主体，以校园为空间，以育人为导向，以精神、物质和制度文化建设为主要内容，具有校园精神文明特征的一种群体文化。图书馆是学生的"第二课堂"，也是学生文化活动的中心。建立崇尚阅读的图书馆文化，乃至书香校园文化，能够给图书馆知识传播服务提供良好的知识传播环境，培养学生良好的阅读习惯，从而带动周边学生形成良性循环，提升图书馆的知识传播效率。

此外，新媒体技术改变传统图书馆服务模式的同时，给图书馆环境、馆风、品牌等特色图书馆文化建设注入了新的活力。把建设多维性和复合性的图书馆阅读文化理念渗透到校园文化中，从而促进和带动校园文化建设，也使图书馆举办的阅读文化活动形式更加丰富多样，教育形式更加人性化，便于激发学生对知识传播活动的参与积极性，提升学生的综合素质和能力，推动图书馆人才培养职能高质量运行。

二、新媒体的特点

（一）数字化

技术的数字化是新媒体的本质特点之一。信息的数字传播过程是指让信息通过数字模型到计算机内进行转换，再将其全面推向大众。因此，新媒体时代的到来彻底改变了传统媒体的传播环境，信息也彻底摆脱了纸张、音响、电视等物质载体，转而以数字、数据的形式在各个移动终端中传递。信息可以借助数字媒介与传统媒介相结合的方式进行全方位的传播，也因为互联网覆盖范围日趋广阔，信息的传播打破时间、空间的限制，逐渐演变成全球共享的态势。

（二）交互性

交互性是新媒体技术在发展、变化过程中第二重要的特点。随着时代的变革，新媒体技术也在不断地变化发展。新媒体与传统媒体在传播途径方面存在差异，主要表现在交互性的方面。从传统媒体的角度来说，信息传播主要依靠传播者和接收者。传播者为主体，接收者为受体，且双方职责较为明确、双方互动单一。在新媒体环境下，尤其是随着手机、网络直播平台的兴起，传播途径发生了转变。每一个独立个体既是信息的接收者，又是收集者和发布者，信息传递的方式由单向模式变成了双向甚至是网状多向传播的模式。在新媒体技术发展的新模式下，人人都可以自由地发言、传播信息。

（三）个性化

个性化是新媒体技术的第三特点。生活中每个人都充当着信息发布、传播和接收的载体。个体不仅可以发表自己的看法或观点，而且可以传播自己的见解。独具特色的传播方式使信息的发布成为一种常态。与此同时，由于发布的信息种类繁多、良莠不齐，大大提高了管理难度和辨识难度，甚至会扰乱受众的判断力和舆论导向。

（四）及时性

新媒体技术的不断发展，促使信息的传递不再受到原有物质载体的影响，进而突破了时间和空间的限制。新媒体技术下的信息传播具有快速性特征，传播者可以第一时间获取原始资料，直接进行生产后予以发布，从而使事件的发生到受众收到事件相关信息的时间被大大缩短，传统新闻的"黄金24小时"被缩短为"黄金4小时"甚至"紧急1小时"。信息传播的快速性进而衍生为信息传播的及时性。

（五）立体性

新媒体的日趋主流化并不代表传统媒体的消亡，而是逐步形成了新媒体与传统媒体相互补充、相互融合的立体性信息传播模式。新媒体的冲击效果不仅体现在传播者与受众之间的界限被模糊，还体现在各种传播媒介界限的消弭上。与传统媒体不同，新媒体"以用户为核心"的运行模式，在传播内容、传播渠道、传播方式的选择上，将用户需求放在首位，力求为用户带来全方位、立体式、个性化的信息体验。有效运用现有媒体手段，让"新""旧"媒体间形成良性互动、优势互补，达成提升传播效果的目的成为传播者的不二之选。这种思维不断完善发展，最后形成融合式"全媒体"概念。

（六）广泛性

信息的广泛性是指信息的传播范围广阔以及信息内容领域的广泛性。数字化信息技术使信息以数字、数据的形式在互联网中传递，受众通过计算机、手机等终端进行接收，信息也因此摆脱了物理空间的束缚，实现了全球共享，客观上达成了麦克卢汉"地球村"的理论构想。信息快速、广泛的传递也使人们对信息内容的需求大幅增加，巨大的信息市场促使传播者不断扩大信息的内容生产，使新媒体承载信息的内容领域不断拓展，在"低门槛，小成本"的作用下，"个性化""非主流"的小众信息市场逐渐繁荣，大量相关信息的生产与传播甚至催生了新媒体市场独特的"长尾"现象。

第二节　图书馆阅读服务的概念与特点

一、图书馆阅读服务概述

（一）图书馆阅读服务的概念

《公共图书馆服务规范》中关于图书馆阅读服务概念的阐释：公共图书馆应当为公众免费提供信息咨询、文献借阅、阅读活动等服务，以满足公众的文化需求，公共图书馆提供的阅读服务具有公益性。阅读服务涵盖了对读者阅读权利的各方面保障以及满足了读者对知识信息的需求。具体来说，读者可在图书馆中寻获汉语、英语、日语、法语等丰富语种的书籍，可满足不同国家读者的需求。此外，图书馆还为读者提供纸质文献、电子文献、多媒体资源等多种载体的阅读资料，读者可依据自身喜好与需求自由选择。

（二）图书馆阅读服务的类型

随着信息技术的数字化、网络化和智慧化，读者的阅读载体和阅读行为发生改变，阅读服务可以分为三种类型，即传统阅读服务、数字阅读服务和智慧阅读服务，并逐渐向着多功能阅读服务延伸。

传统阅读服务是指图书馆根据读者需求，利用本馆馆藏文献资源以及与本馆存在合作关系的馆藏机构的文献资源为读者提供服务，内容包括提供文献资源、维护管理阅览室文献资源和设备、维持阅览秩序并解答读者一般性咨询问题。

数字阅读服务是指图书馆将拥有版权的文本资源数字化，按照一定方式对读者的移动阅读方式进行归类整理，将阅读资源通过移动终端提供给读者阅读，以阅读资源供给为核心，以阅读引导和阅读互动作为支撑。

智慧阅读服务是指图书馆与终端设备连接，利用物联网、大数据等新型信息技术通过智能化方式为读者提供精细化的双向个性化阅读服务，生态集成要素包括阅读理念的先进、技术支撑的智能、阅读资源的关联、服务场景的多元以及关系维度的凝聚。信息化是阅读服务不断创新的主要驱动力之一，信息技术驱动阅读服务内涵不断发展。

（三）图书馆阅读服务的主体与客体

1. 阅读主体的分类

阅读主体是指有能力进行阅读的人。《中国大学生百科全书》中指出："阅读主体的形成需要具备三方面因素：一是有阅读欲望；二是具备一定阅读能力；三是从事阅读活动。同时具有三个要素，才会使阅读主体得以形成。"从中我们可以得知，并不是每个独立存在的个人都是阅读主体，其中最重要的界限就是阅读能力。一个人具有阅读能力的前提是能够正确认知文字。因此，阅读主体不包括不认识文字或者脑神经功能障碍的人，因为他们不能进行阅读和理解文字，所以他们没有阅读能力，更不能成为阅读主体。

同时，阅读主体进行阅读也有一定的限制，虽然他们具有阅读能力，但阅读内容不能超出他们的接受范围，受包括社会经验以及知识的储备等其他因素影响。比如，不具备某种语言能力的人就不能阅读该种语言的文字。再如，一些只认识简单文字的幼儿，无法阅读如经济学、会计学以及统计学等专业性强的书籍。

图书馆的服务对象极其复杂，笔者在综合考虑了读者的个人因素、活动方式等方面后，将图书馆阅读服务的主体划分为以下几种。

①中小学生读者。他们在各方面都不够成熟，受外界影响较大，行为上具有较强的可塑性。他们的阅读具有一定的主动性，求知欲较强，阅读的内容较为单一、浅显。

②大学生读者。此类读者主要是青年人，他们在思想方面处在形成时期，各方面逐渐成熟。他们的思想、观察能力以及自我意识都处在较强的阶段，阅读选择有一定的自主性。

③科技读者。指科学技术工作者。他们由处在不同层次的科技工作者组成，阅读的专业性强，范围具体、明确。

④教师读者。指从事教学工作的读者。他们分布在不同级别、不同类别的各个学校，担负一定的职业使命。他们处在不同层次、不同专业、不同年龄，因此，在对阅读文献的选择上依据不同的内容与范围。他们对文献利用的深度以及阅读的范围在一定程度上存在差异性，对资源的利用方式也会有所不同。

⑤工人读者。此类读者是指分布在各个企业、服务行业等领域的工人。此类型的读者人数比较多，构成也比较复杂多样。工人读者对阅读的需求具有差异性，对阅读的深度及内容的选择也具有一定程度的差异性。

⑥农民读者。农民的人数在我国占很大的比重，此类读者是我国图书馆最潜在的读者群体。随着当前科学技术的进步，农民读者的阅读需求日益增强。

⑦军人读者。军人读者在文献需求上通常以政治理论、军事技术为主要内容。

⑧居民读者。居民读者是图书馆的主要服务对象，其中包括各行业的职工，退休、离休的居民以及各种闲散人员。

⑨残疾读者。残疾读者是特殊的读者群体，他们虽然在生理上有一定缺陷，但是却有同正常人一样的阅读需求。

2. 阅读客体的分类

根据阅读媒介的不同，阅读主要分为纸质化阅读与数字化阅读。其中，纸质化阅读主要包括图书阅读、报纸阅读以及期刊阅读，而数字化阅读主要包括读者依靠网络、移动终端等媒介获取信息的过程。

随着当前科学技术的不断进步，越来越多的读者选择使用数字化阅读方式进行阅读。随着时间的推移，人们越来越体会到数字化阅读在给自身的阅读带来便利的同时，更加全面地满足了自身的阅读需求。当前，读者可以选择的数字化阅读方式越来越多，数字化阅读的范畴也越来越广，主要包括网络阅读、手机阅读、PDF 阅读、本地电子书阅读、手持电子终端阅读等。与数字化阅读类似的称谓，还有超文本阅读、电子阅读、虚拟阅读、电脑阅读、屏幕阅读、超阅读、网上阅读等。

（四）图书馆阅读服务的内容

图书馆阅读服务是围绕着读者展开的，随着时代的进步、科技的发展，不断拓展出新的服务类型与服务方式。图书馆作为文献信息中心和精神文明建设基地，为全社会提供高质量的信息服务、优质的文化服务显得尤为重要。图书馆开展的所有服务基本都涵盖在信息服务与文化服务之中。

信息服务是面向读者，根据读者的信息需求为读者传递信息或为读者加工、重组形成新的信息产品从而使信息增值的服务。从传统的信息服务发展到现代的信息服务经历了一个逐步发展，从被动到主动、从低级到高级的过程，主要包括参考咨询服务、阅读推广服务、信息素养教育、学科服务和文化服务等。

1. 参考咨询服务

参考咨询服务是图书馆利用现代计算机技术及无线通信技术，通过口头、表单、E-mail、电子公告板、IM 即时通信软件、网络参考咨询系统等手段为读者利用信息资源而提供文献、知识、数据等帮助的信息服务形式，包括帮助读者查找文献、课题查新、查证查引、定题服务等。参考咨询服务可以节约读者的时间，提高图书馆的资源利用率。

2. 阅读推广服务

阅读推广服务是根据当今社会的需要和读者的需求，利用馆藏文献信息资源和技术手段有针对性地主动吸引、诱导读者的阅读行为，提高读者的阅读意识、阅读能力和阅读效果的一种教育性指导服务，包括新书推荐、书评服务、书目荐购、讲座指南等。阅读推广服务既可以帮助读者快速获取需要的信息与知识，陶冶情操，又可以使读者充分利用馆藏资源，提高图书馆的馆藏使用率。

3. 信息素养教育

美国大学与研究图书馆协会在2000年发布的《高等教育信息素养能力标准》中规定，学生需要具备决定所需信息、获取信息、评估信息、利用信息以及合理合法使用信息的五大能力。信息素养教育就是为了培养读者具备一定的信息素养能力所开展的一系列培训课程和活动。

4. 学科服务

学科服务实质是参考咨询服务的深化，最早起源于美国大学图书馆，于20世纪末开始引入我国并逐步在我国图书馆界流行开来。与学科服务相对应的是学科馆员。学科馆员不仅需要具备基本的图情知识，还需要具备相关负责学科的知识背景，了解相关学科的研究成果、发展动态，为该领域的读者主动提供具有针对性的、高质量的信息服务。

5. 文化服务

传承文化是图书馆的重要使命，在国家越来越重视文化发展的形势下，图书馆应该积极利用自身的平台和影响力，弘扬国家及校园精品文化，传递社会正能量，成为祖国文化或大学校园文化的大舞台。文化服务主要包括举办文化展览、开展文化活动以及提供文化空间等。例如，高校图书馆文化服务是指除文献信息服务外的以保障高校师生基本文化生活权利为目的的服务，基本文化生活权利包括指导师生道德生活、缓解师生心理压力、调剂师生课余生活、提升师生自我修养和综合素质等方面。

（1）举办文化展览

文化展览是图书馆利用馆舍空间和网络空间，举办人文艺术、社会热点、历史回顾、科技创新等各种题材、多种形式的文化主题展览。

（2）开展文化活动

文化活动是图书馆自身发起或联合内外团体共同组织的旨在提高读者文化修养、培养读者综合素质、丰富社会生活的各类文化主题活动，包括一系列主题报告、文化讲座、技术体验等。

（3）提供文化空间

图书馆利用自己的馆舍空间、技术设备打造休闲文化场所，也是提供文化服务的一种形式。例如，高校图书馆设立的多媒体影院、多媒体体验空间、咖啡厅等。

图书馆的文献信息服务与文化服务在内容上是互为补充的，在形式上是交叉渗透的。信息服务或者说更高层次的知识服务是图书馆读者服务的根本与基础，文化服务则是有益的延伸。

提供文化服务可以打破读者长期以来对图书馆只是等于"图书＋书桌"的呆板印象，结合信息服务把图书馆重塑成一个"图书借阅＋科研交流＋学习讨论＋文化休闲"的新形象。图书馆应在观念上重视文化服务，把文化服务作为读者服务的重点拓展服务，通过丰富多彩的文化服务，增强图书馆的吸引力与核心竞争力，融入自身整体的战略发展，发挥自身的价值与优势。

（五）图书馆阅读服务体系的构成要素

1. 阅读设施

阅读设施是指协助阅读服务活动进行的一种载体，这种载体包含两个大类：

一是可供人们进行阅读活动的公共阅读场地；二是阅读空间和文化活动设施，如阅览室、阅读座席、免费 Wi-Fi、数字阅读终端（包括计算机、Pad、手持阅读器等）、数字阅读一体机等。

2. 阅读资源

阅读资源包含两类：一是图书馆为满足公众的基本阅读需求而购置的图书、报纸、期刊、音像制品等以实体形式存在的阅读资源；二是需通过电子设备来访问的一些资源，包括电子书、数据库等各种数字资源。

3. 阅读服务

阅读服务是指为公民提供的所有与阅读相关的服务，是图书馆的在职人员利用馆内资源，以提升国民阅读能力、激发国民阅读兴趣、满足读者文献信息需求为目的而向读者提供的一种平等服务。例如，公共阅读设施免费开放服务、借阅服务、为公民开展各种阅读活动（包括阅读推广）的服务、对特殊人群提供特殊的阅读服务等。

4. 人力资源

人力资源是指图书馆配备的具备一定专业背景以及良好的职业修养、且能够在工作中平等对待每位读者、能够充分尊重并保护每位读者的个人隐私、能够热情地为每位来馆读者平等提供文献信息服务的管理人员和服务人员，主要包括编制人员和培训业务人员的两个方面。

5. 运行机制

运行机制是一种能够引导并影响与人、财、物相关的各项活动进行的准则或制度。它可以使社会活动协调、有序、高效地运行，也可以增强内在活力和提高对外应变能力。阅读服务体系的运行机制就是引导阅读服务活动协调、有序并高效运行的基本准则及相应制度。

（六）图书馆阅读服务的意义

1. 对读者个人的意义

图书馆阅读服务对读者个人有十分重大的意义，因为阅读能够给个人带来智慧，增强个人素质，同时对一个国家的生存和发展起着至关重要的作用。我国历史悠久，众多大家的思想、著作多与阅读有关，阅读使这些圣人、先贤留下优秀的思想。阅读活动不仅能使人们修身养性，而且可以为人们指引人生方向，走出生活中的困境，使生活丰富多彩。人的社会活动离不开阅读，阅读可以教给人们做人的道理和为人处世的方法，使人们学到生活中的智慧哲学，提高创新能力和自身素质。阅读能够激发个人的无限潜能，提高竞争能力，使其在激烈的竞争中取胜。

2. 对图书馆自身的意义

《联合国教科文组织公共图书馆宣言》中有对公共图书馆的使命进行阐述，其中，第一条规定：要从小就培养孩子的阅读兴趣，并要不断加强其阅读习惯。第二条规定指出：公共图书馆既要支持正规教育，对于国民个人自学教育同样也要予以支持。第三条规定：对于读者个人的发展，要不断创造机会。第十条规定：企业、协会和利益团体以及其他组织要提供针对性的信息，做好相应的信息服务。第十一条规定：公共图书馆为信息和计算机技术发展做出贡献。第十二条规定：支持并参与针对不同年龄层开展的读写能力培养和计划，必要时主导、发起此类活动。图书馆具有进行阅读服务的职能，促进读者的阅读活动的开展是其中一项重要的职责。图书馆采取一系列的举措以加强其阅读服务，从而激发国民的阅读热情，提升国民的阅读积极性，阅读群体也随之不断扩大。鉴于此，图书馆重视阅读服务这一举措对其自身发展也有重大意义，不仅能够使图书馆更好地发挥其职能，并在实践过程中优化其职能服务，同时向国民宣传了图书馆平等、公共、免费、开放的精神。

3. 对社会发展的意义

图书馆重视阅读服务，对于社会发展也有重大的意义。国民通过阅读获得知识、文化等，从而提升个人的素质水平，为社会发展注入新鲜血液，以促进社会的发展进步。如果说体育运动可以增强国民的身体素质，那么阅读活动就从根本上净化了国民的心灵，提升了个人的整体素质。同时，社会环境与阅读活动是相辅相成的，社会环境好坏关系到能否营造良好的阅读氛围，而阅读活动的积极开展使国民素质得到提高，又会给国民创造良好的社会环境。

国民阅读力应当包括国民阅读率和国民阅读水平评价。国民阅读率可以说是一个国家阅读水平高低的标志，它在一定程度上反映了一个国家的阅读水平和文化软实力。随着国民阅读水平的提高，国民的知识储备、创造力等得到提升。国民阅读水平影响、制约着全社会的发展，乃至关系到全人类的进步。作为社会公益化设施的图书馆，面对社会大众开放，服务具有无偿性，能够提高国民知识水平，对社会发展起着重大的促进作用。

二、图书馆阅读服务的特点

（一）坚持以人为本

图书馆阅读服务一直坚持"以人为本"的理念。随着社会的发展，人的需求发生改变，阅读方式也随之发生改变。图书馆的阅读服务看似一直坚持着"以人为本"的理念，但其实是在一直随着"人"的需求与时俱进。"以人为本"的阅读服务理念一直贯穿在阅读服务的每个时期，是与时俱进的具体表现。"以人为本"是以满足"人"的需求为出发点，根据"人"的需求变化改变图书馆阅读服务方式和服务内容，是指导实践活动的指南针。

（二）阅读资源多元化

图书馆的资源建设，不再局限于传统资源。虽然传统资源是图书馆资源建设的重要组成部分，但是目前图书馆资源形式多样，包括纸质资源、数字资源、多媒体资源、三维信息资源和其他形式的资源。多元化资源建设为提供高质量、优质化服务奠定了坚实基础。

（三）服务方式多样化

图书馆阅读服务有阵地服务、流动服务、阅读空间打造、数字阅读服务、虚拟阅读体验服务、阅读推广等多样化服务。阅读服务已经融入读者的生活、工作、学习等各方面，图书馆正在向集学习、休闲、娱乐、交流、创造于一体的多功能"第三空间"转型。

（四）服务手段智能化

图书馆借信息技术创新之风推动服务智能化发展。大数据、云计算、RFD、智能感应、智能导航、AR、VR、人工智能、5G等各种新技术逐渐应用于阅读服务中，促进图书馆阅读服务智能化。新技术的发展创新引领阅读服务的发展。

（五）服务人员专业化

图书馆服务人员专业化是提高服务质量和水平的基本要求，图书馆越来越重视馆员知识结构的层次化和专业化。图书馆追求服务专业和服务深度，阅读服务是图书馆服务的核心工作。阅读服务专业化和深度化是图书馆服务的基本要求，因此，馆员专业素养的提升十分重要。目前，社会各界对阅读推广人的培养十分关注，图书馆界关于阅读推广人的培养和培训已经开展，对阅读推广人才的培养给予了高度重视。

第三节　图书馆阅读服务的基本原则

一、以人为本原则

以人为本，这是社会主义的特征，而在图书馆阅读服务中也需要运用这一观点，把读者放到首要地位，一切都是为了读者，所有的服务都是为了满足读者在书籍、文献方面的需求，这就是图书馆的阅读服务，一切都是建立在服务读者上的。

二、充分服务原则

图书馆需要把阅读服务的范围扩大，这样就可以提升文献的使用率和普及率。图书馆要对本馆的资源进行合理的利用、开发，还要对资源进行合理的宣传规划。图书馆要时刻关注读者的变化，看他们对文献的需求是否发生了改变，要是改变了则需要做出相应的调整。

三、区别服务原则

图书馆阅读服务的目的是根据读者的不同需要提供有针对性的服务，尽量满足读者的需要，做到为其提供最好的服务。区别服务是根据读者的需求而采取的各种服务政策，专门为读者提供专业的服务。服务是需要讲究方法的，读者可以得到他们需要的文献资源，图书馆的文献资源也可以被充分利用。

四、安全性原则

图书馆为了更加深入地了解读者的阅读兴趣和爱好，从而更好地判断读者具体的阅读需求，通常会借助新媒体来收集相关信息，并将收集到的信息进行充分地整合和分析，从而及时调整自身原有的服务模式，为读者提供更具针对性的参考咨询、文献流通等服务。尽管这种方法可以有效帮助图书馆提高自身服务质量，但其中某些信息也和读者的隐私有着紧密的关联，对读者的隐私安全构成了一定的威胁。因此，图书馆在为读者提供服务的同时，应该遵循安全性原则，一切工作都要以保护读者的隐私安全和利益为前提。

五、实用性原则

图书馆应该从自身的发展特点出发，对馆藏资源进行仔细甄别，不仅要注意满足广大读者的需求，还应该确保馆藏文献的集中性和阶段性，牢牢遵循实用性原则，进一步完善图书馆的信息资源建设，从而加强图书馆的竞争力，打造良好的图书馆形象，使读者的阅读行为得到可靠保障。

六、与时俱进原则

在图书馆服务工作实践中，传统的工作模式已经无法适应当代社会发展的需求，如何优化工作模式与工作体系、适应当代社会发展的需求十分关键。最为重要的是，图书馆要坚持与时俱进原则，根据图书馆服务工作与社会发展趋势，不断调整工作模式，特别是适应网络发展趋势，减小工作阻力，摒弃落后的服务工作方法，通过不断优化创新，使图书馆的服务工作更具有时代特性，满足读者的多元化需求，尊重个体差异，坚持以人为本，实现工作水平的有效提升，提升自身综合竞争实力。

第四节　新媒体应用于图书馆阅读服务中的必要性

一、社会主义文化事业发展的需要

在新媒体时代，图书馆工作人员不仅要意识到阅读服务本身的重要性，还要意识到新媒体技术对阅读服务的重要意义。科学地利用新媒体技术，使图书馆为读者提供更为优质的服务，更好地满足读者的需求。大多数图书馆在较长的发展过程中积累了十分丰富的图书资源以及信息资源，在此基础上，依托新媒体技术为读者提供阅读服务，能够转变图书馆工作人员在提供阅读服务过程中的被动思想，使其朝着更加主动的方向发展；能够真正对图书馆现有的阅读服务工作进行创新，进而最大限度地满足读者的实际需求；能够进一步促进我国社会公共文化事业的发展。尤其是在当前我国大力推进社会主义精神文明建设的时期，图书馆工作人员更要深刻意识到创新阅读服务工作的重要意义，积极利用新媒体技术开展有针对性的阅读服务探索与创新工作，不断完善现有的阅读服务体系，为读者提供更加精准化且更具有针对性的服务，为我国社会主义文化事业的发展提供助力。

二、高质量服务模式的需要

在新媒体时代，基于新媒体技术的飞速发展，将图书馆的新媒体资源与新媒体技术相结合，形成电子数据信息，不仅能够承载更大的数据信息容量，还能够通过多种数据信息表现形式为读者提供服务，包括文字信息、图片信息、视频信息等，并且能够通过媒体进行跨越时间和空间的传播，为远距离的读者提供服务，也能够为多名读者同时提供服务，拓展读者群体，从而实现传统图书馆服务工作无法达到的服务作用。图书馆阅读服务应该紧随当下新媒体时代的发展趋势，随着新媒体技术的不断发展而不断完善。在新媒体时代下，图书馆做好阅读服务工作不仅要达到服务的目的，还要树立更高的服务目标，通过对当前服务工作的分析，探索出更加高质量的服务工作模式，使读者的服务体验能够更好。

三、顺应时代变化发展的需要

21 世纪是知识经济的时代，计算机技术、网络技术、新媒体技术、信息处理技术等都将向更高层次发展。图书馆阅读服务工作的发展和创新是必须的，也是必然的，加强信息资源的开发、利用与管理是未来图书馆提高阅读服务工作能力和水平的主要任务，图书馆只有顺应不断变化的社会的需求，才能在 21 世纪知识经济大潮中生存、繁荣和发展。

第二章 图书馆阅读服务的历史与现状

在新媒体时代，我们有必要充分了解图书馆阅读服务的历史与现状，以促进新媒体与图书馆阅读服务工作的高效结合，进而推动图书馆阅读服务水平的提高。本章分为图书馆阅读服务的发展演进、图书馆阅读服务的现状、新媒体环境下图书馆阅读服务的机遇与挑战三部分。主要包括传统阅读服务阶段、资源建设现状、新媒体环境下图书馆阅读服务面临的机遇等内容。

第一节 图书馆阅读服务的发展演进

图书馆阅读服务主要经历了三个重要发展阶段，即传统阅读服务阶段、数字阅读服务阶段和智慧阅读服务阶段。

一、传统阅读服务阶段

（一）服务内容

1. 文献外借

传统阅读服务阶段的主要服务是文献外借。文献外借从闭架服务到开架借阅服务，能够节省读者的时间，也便于读者选择图书。文献外借服务在这一阶段主要有传统手工借阅、馆际互借以及流动图书馆借阅的方式。

2. 阅览室开放

在传统阅读服务阶段，图书馆空间主要作为藏书空间、流通空间和阅览空间。随着开架服务的发展，藏书空间和阅览空间逐渐合一，并且趋向于借、阅、检、询统一服务。阅览室作为图书馆传统阅读服务的实体空间，利用图书馆空间资源为读者提供服务，是打造阅读空间的最早体现。这一阶段的阅读空间打造的目标主要为给读者营造安静优雅的阅读环境以及阅读氛围。

3. 传统阅读活动

图书馆从"为书找人"的角度出发，开展阅读推荐、阅读指导、交流会、培训班、图书展览等形式多样的阅读活动，不仅向广大民众宣传图书馆，让更多的人认识图书馆、了解图书馆并走进图书馆和利用图书馆，也为阅读服务提供了服务新视角。

（二）服务特点

1. 服务理念被动

传统阅读服务过程主要围绕"书"和"馆内"提供服务，重心在"藏书"和"管书"方面，因而不能根据读者的需求主动提供服务，只有读者走进图书馆才提供服务。虽然开展流动服务，但是并未根据读者的需求提供针对性服务，服务被动性较强。

2. 服务内容单一

传统阅读服务阶段有图书借还服务、实体阅览空间服务、书目推荐、传统阅读指导等阅读服务，阅读活动存在形式化的问题，读者参与活动较少，对读者活动满意度的调查回访等方面也未引起重视。

3. 服务范围局限

传统阅读服务的局限性制约了读者对图书馆的认识和利用。服务局限性表现在空间距离、开放时间、管理制度方面。首先，空间距离是指读者与图书馆的距离，空间距离的远近是影响读者需求行为转变为利用行为的直接因素之一。其次，在过去很长一段时间里，图书馆的开放时间与读者的工作时间基本一致，导致读者利用图书馆受到了限制。最后，这一阶段对图书管理有着严格的借阅、阅览和检索制度，这些管理制度对读者进行了限制，甚至有些书库不开放，导致服务存在局限性和封闭性。

二、数字阅读服务阶段

（一）数字阅读的定义

阅读原指从视觉材料中获取信息并进行理解、领悟、鉴赏和探究等，其中视觉材料指文字、图片、符号、公式和图表等内容。然而，随着数字化时代的到来，网络与电子设备的发展使得阅读模式相应调整和外延。当前，学界并未对数字阅读有一个统一的、认可度较高的定义，并且在表述方面存在偏差，数字化阅读、网络阅读、移动阅读等与之相近、相同和从属关系的表述都有使用。从数字阅读相关课题的研究内容来看，大多数研究都是基于实践层面的数字阅读服务及推广的调查报告和案例分析，而对数字阅读基本概念的基础性研究较少，且未就数字阅读概念达成一致。由于数字阅读涉及图书馆、出版发行、教育学等诸多研究领域，不同学者从各自研究方向出发，对数字阅读的定义各有不同。

目前，传播最为广泛的数字阅读定义来自百度百科，该定义认为数字阅读体现在阅读内容数字化和阅读方式数字化。一是以数字化方式呈现阅读内容，如电子书、网络小说、电子地图、数码照片、博客、网页等；二是阅读方式的数字化，以带屏幕的电子显示仪器而不是纸张进行阅读，如利用手机、计算机、电子阅读器等。上述定义虽然在论文中被广为引用，但同时存在争议。

综上所述，笔者认为，数字阅读就是利用数字化工具和网络，对数字阅读资源进行理解、领悟、欣赏的阅读过程。现代信息技术的发展丰富了数字阅读资源的形态，能够以动态化、有声化、交互化的媒体辅助文本阅读，因此阅读不应当再局限于传统的文本材料，满足读者阅读需求的各种数字资源形态都可以成为数字阅读的对象。

（二）图书馆数字阅读服务

1. 服务内容

传统环境下图书馆的阅读服务仅仅围绕纸质图书文献展开，图书馆向读者提供馆内纸质图书等文献的阅览和借阅服务，读书推荐、阅读交流等活动也是在纸质图书的基础上开展的。电子书籍报刊、网络出版物的兴起使越来越多的人通过手机、平板电脑和墨水屏阅读器进行数字阅读，图书馆的借阅内容也做出了相应的调整。纸质文献的借阅和流通不再是图书馆唯一的服务项目，图书馆还需要通过购置数字资源，利用电子设备和移动设备上的客户端、小程序向读者传递资源内容，提供数字浏览和借阅途径，在现代环境下以读者的阅读模式和偏好为导向投其所好，发展数字阅读服务。当前图书馆的数字阅读服务多数从以下方面展开。

（1）数字阅读资源建设

图书馆的馆藏数字资源是开展数字阅读服务的基础，正如传统模式下纸质藏书与阅读服务的关系。数字阅读资源包含图书馆数字文献资源、电子图书、报纸、杂志及漫画、有声读物、图书馆内与阅读相关的多媒体资源等。

（2）数字阅读配套设施服务

数字资源的阅览需要有与之配套的设施，因而图书馆在提供数字阅读服务时，可同步配置专门的数字阅读设备及空间设施。数字阅读配套设施服务可从设备和空间两方面展开：一是图书馆配置相关电子设备，在图书馆馆舍范围内或者由图书馆向外配置可以进行或辅助数字阅读的电子设备，如电子书借阅机、朗读亭、触摸屏、数字阅读移动设备等；二是在图书馆内开辟主题空间，形成数字阅读体验区、电子阅览区等。

（3）数字阅读服务平台

数字阅读服务平台是直接面向读者群体开展服务的途径，数字阅读资源通过图书馆建立的服务平台，传递至读者的设备终端。在此模式下衍生出了图书馆移动阅读服务和微服务。图书馆除了通过网站和电脑端提供阅读资源，还会利用客户端等移动设备上的应用工具为读者提供数字阅读相关服务，并且通过时下热门的微信公众号、微博和其他新媒体工具为读者提供微服务。

（4）数字阅读活动

图书馆数字阅读活动是借助互联网平台的各种媒介为读者群体开展的阅读活动。利用网络平台提供阅读活动服务，解决了传统阅读服务阶段服务受众、服务时间局限的问题，使不能到馆的读者可以通过线上活动的方式，享受图书馆阅读服务。数字阅读活动从常见的电子书推荐活动发展到了展览、直播分享会、阅读打卡、线上互动等内容丰富的活动。

2. 服务特点

（1）受众广泛

在传统阅读环境下，图书馆能够服务到的群体仅限于持有图书馆读者证的群体，或者是能够前往图书馆馆舍的人。在数字阅读环境下，读者无须亲身到馆就可以参与图书馆开办的活动，借阅浏览电子图书和资料。未持有读者证的群体，通过关注微信公众号并进行身份授权，或者是注册部分图书馆增设的虚拟读者证，都可以使用其部分资源。换而言之，不论读者是否持有实体借书证、是否到访实地场馆，都有可能成为图书馆服务的对象。

（2）空间虚拟化

传统阅读服务的开展空间在图书馆馆舍内部，例如在图书馆建筑内部设立阅览室、流通窗口和服务台等。读者需要进入馆舍查找、借阅书籍，并且在实体场馆中参与阅读活动。在数字阅读环境下，阅读行为可以并存于实体空间和虚拟网络空间，读者可以在馆内的电子阅览室、使用数字阅读设备访问数字馆藏，或者在数字阅读体验区进行阅读，也可以利用图书馆远程访问系统、移动阅读服务平台等进行数字阅读。

（3）服务方式多样化

服务方式多样化源于阅读资源的多样化和互联网技术的无限可能，资源的丰富形式使图书馆可以为读者提供文字阅览、视听体验等服务，互联网和移动设备的组合使图书馆可以借助新媒体、微媒体提供形式多样的数字阅读服务，以满足读者的需求，提高服务水平。

（4）服务模式个性化

在数字化浏览模式下，读者的阅读数据成为可以利用的资源，加上近年来大数据和新一代计算机技术的发展，学者和数据厂商都在研究如何针对读者进行个性化阅读推荐，利用大数据精准分析不同类型的读者等，同时针对不同读者群开展个性化的数字阅读推广，提高数字阅读推广的精准性和成效。

三、智慧阅读服务阶段

（一）智慧图书馆

1.智慧图书馆的含义

尽管智慧图书馆越来越受欢迎，但现阶段智慧图书馆的基本概念还没有统一的定义。在相关参考内容中，许多专业人员对现阶段智慧图书馆工作进行了具体的描述，但他们的看法不同，还处于探索阶段。近年来，研究人员进一步将智慧图书馆与相应的网络技术以及大数据技术等进行结合，以便有效地将我国最新的科学技术与发展过程中的实际应用进一步融合。

笔者认为，智慧图书馆是指把智能技术运用到图书馆建设中而形成的一种智能化建筑，是智能建筑与高度自动化管理的数字图书馆的有机结合和创新。

从这个角度来看，智慧图书馆的进一步持续发展主要依赖现阶段国家所掌握的先进技术，以服务用户为目的，主要满足人们对图书馆的基本需求。

可见，未来智慧图书馆的持续发展与数字化技术和人性化设施密不可分，这就为图书馆的进一步转型工作指明了发展方向，并且可以指导图书馆持续提供相对优质的服务工作。在智慧图书馆建设工作持续发展的背景下，图书馆还需要积极通过相应的网络资源服务等具体服务项目进行有效的资源整合，使相应的资源内容更加丰富，进而提供有效的阅读服务。

2.智慧图书馆的基本特征

（1）高度感知与互联

传统的图书馆正朝着智慧化的方向发展，高度感知是首要标志。虽然传统的图书馆在空间上也能和读者交互，但是二者始终处于割裂状态，并不能感知交互信息。智慧图书馆的构建实现了空间和读者的双向感知，具体而言，读者通过使用各类智慧功能，从中感知不同的信息，各类功能也能对读者的信息进行主动感知。

同时，智慧图书馆还具有高度互联的特征。对传统图书馆来说，其内部不同区域之间的信息是相互独立的，面对不同读者的使用需求，服务水平也呈现差异化，服务效率难以提升。智慧图书馆的构建能实现与读者、资源、设备、空间等多种要素的互联，为读者提供精准服务。

（2）阅读资源高度聚集

智慧图书馆的阅读资源通过两种手段实现了高度聚集：第一，阅读资源种类进一步扩大，资源类型包括纸质报纸、期刊以及数据库资源、电子资料、在线课程等，最大限度地满足了读者对图书信息资源的多样化需求；第二，馆藏资源形式多样化，在现阶段互联网技术的有效支持下，读者可以选择线上阅读、线下阅读等多种阅读形式，随时随地及时获取国内外相应的阅读资料。

（3）实现文化传承与创新

智慧图书馆作为文化服务机构，能将我国优秀的传统文化保存、传承、创新。智慧图书馆能够通过开展阅读推广、展览等活动，突破空间的局限性，不断拓展文化信息的传播广度，并依托人工智能技术、VR等，为人们带来立体化、情景化的体验，切实落实了传承创新文化的职能。

（4）为读者提供便捷的个性化服务

从智慧图书馆借书，只需在图书馆网站的搜索栏中输入图书的核心信息（书名、书号、作者等）即可搜索图书，图书馆相应的管理系统可以使读者在相对较短的时间内找到他们需要的相关资料。读者还可以通过手机客户端在线进行图书的预订、借阅，从而获得具有便捷性、个性化的图书借阅服务。

（5）融合虚实空间

在传统图书馆的发展进程中，其虚拟空间和现实空间是相互独立、并行发展的。智慧图书馆的构建，使得二者之间实现了有机融合。实体空间不再是读者眼中的自习室，虚拟空间使读者通过互联网随时随地地汲取知识。实体空间和虚拟空间满足了不同读者的实际需求，并通过优势互补打破了发展困境。

（6）四维一景化

智慧图书馆的构建目的是为读者带来更加优质的整体体验，涵盖了资源、技术、服务等。然而,这些体验元素在传统图书馆中是互相分离的,导致读者的体验感不强。智慧图书馆实现了资源、技术、服务、空间、场景的一体化,依托各类信息技术,整合资源并嵌入空间,让服务融于场景,进而实现空间资源化、资源技术化、技术服务化、服务场景化。

(二)图书馆智慧阅读服务

1. 智慧阅读服务的概念

图书馆智慧阅读服务是信息化时代图书馆读者服务的新理念、新能力与新服务方式,是图书馆运用物联网、人工智能等现代技术手段和设备,通过图书馆馆员的专业智慧为读者提供服务的一种新的信息服务模式。图书馆馆员通过对信息资源的深度挖掘以及对用户信息需求的高度分析,同时与用户需求的时空特征进行匹配,为读者提供更加个性化的贴心服务,即"智慧阅读服务"。

2. 智慧阅读服务的构成要素

图书馆阅读智慧服务的构成要素可以分为硬件要素与软件要素:硬件要素主要包括阅读资料、智能设备、阅读空间、服务队伍和服务对象;软件要素主要包括智能技术、服务态度和服务理念,如图 2-1 所示。

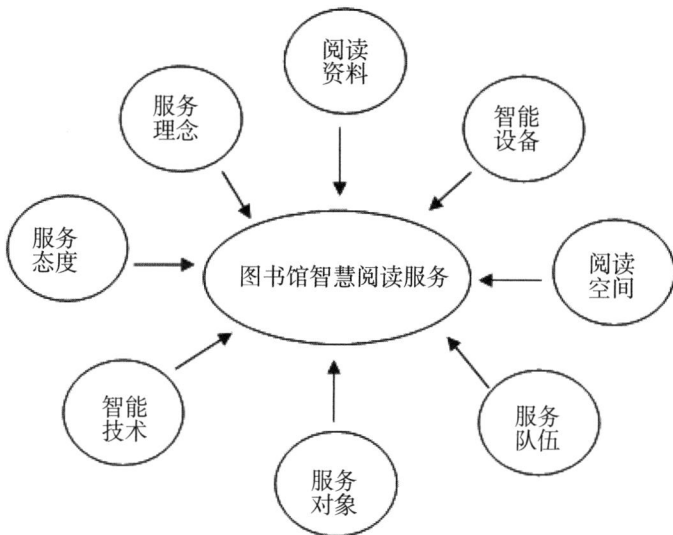

图 2-1 图书馆智慧阅读服务的构成要素

3.智慧阅读服务的优势

（1）高效、便捷

智慧图书馆通过应用各种高新技术与先进的管理理念，极大地提高了自身处理各类事务的速度与服务的智能程度。这种高效、便捷贯穿智慧图书馆阅读服务基本流程的全过程，这种便利体现在组织管理、服务管理与人员管理各个方面。比如，RFID 管理系统的应用简化了借阅流程，节省了人力、物力和时间；数字智慧图书馆和云计算技术的应用使共享与传递读者的阅读数据更加高效、便捷。这些都在很大程度上实现了智慧图书馆服务质量的提升。

（2）定制服务

智慧图书馆能够运用人工智能技术、云计算技术与大数据技术为读者提供精准与个性化的定制服务。智慧图书馆以服务读者为目的，只有从阅读资料选择、座位预订、借阅服务以及评价反馈都围绕读者需要展开，才能做到在不同的场景中满足读者的不同需求。此时，智慧图书馆不再是一个建筑，而变成了一个功能强大的服务系统，可以使读者感受到智慧图书馆的魅力与温度。

（3）内容丰富

长期以来，智慧图书馆的阅读资料主要来自智慧图书馆的馆藏书籍，但是因为种种限制，智慧图书馆的馆藏书籍有限。随着技术的发展与更迭，通过互联网与云端存储技术进行阅读服务的体系已经逐渐形成，时间和空间的限制逐渐被打破。多种多样的阅读资料出现在智慧图书馆中，使得读者的阅读内容更为丰富多彩，为读者带来了极好的阅读体验，极大地拓展了读者的阅读范围。

4.图书馆智慧阅读服务现存的问题

（1）智慧馆员知识储备不足

智慧图书馆的有效运行主要取决于智慧图书馆内部系统的进一步建立与完善。智慧馆员的工作不同于一般馆员的工作，智慧服务平台系统将进一步要求智慧馆员具备相对扎实稳定的计算机操作技能以及相关的互联网系统的专业应用能力，必须熟练应用物联网技术、大数据技术以及相应的云数据管理技术。

此外，由于现阶段智慧服务平台自身的互联性程度较高，会进一步增加工作人员的日常工作量，因此，需要相应的智慧管理人员具备高尚无私、爱岗敬业的职业操守。由于目前我国智慧服务平台的建立基本处于探索及验证阶段，图书馆智慧馆员在现有图书馆管理模式下所具备的相关专业知识储备，不能完全满足智慧图书馆管理过程中读者的相关要求。智慧图书馆的下一步工作任重而道远，需要提高智慧馆员的综合能力，积极组建能够满足现阶段智能服务平台需求的智能化管理团队。

（2）智能设备应用单一

目前，智慧图书馆所能提供的智慧阅读服务还停留在基础层面，如座位预订、自助借还、人脸识别等，而更高精尖的智能设备如智能书架、智能桌椅、智能引导设备与个性化推荐服务等的应用还较少。高度智能化的设备虽采购维护成本高，但对于推动智慧图书馆的智慧化进程具有十分重要的意义。

智慧图书馆的智能设备如果过于基础，必然会限制智慧阅读服务的发展。没有智能设备作为支撑，智慧阅读服务建设只能是空中楼阁，无法真正为读者提供更多元化的服务。智慧图书馆不注重高精尖智能设备的开发与应用，必然会导致智慧图书馆功能不完善。从微观层面来说，这导致了检索与阅读流程上的烦琐，不利于为读者带来良好的阅读体验；从宏观层面说，将可能影响整个文化更新的发展进程。

（3）馆员智慧服务理念欠缺

图书馆智慧阅读服务理念与服务态度直接决定着馆员的服务行为。笔者通过对智慧图书馆领导与馆员的调查发现，部分馆员对智慧服务的了解程度不深，且对目前的服务理念认可度不高。还有部分馆员的文化水平不高，对新鲜事物的接受能力较差，再加上传统的服务模式与馆员本人不思进取等诸多因素导致了馆员的服务水平不高。主要体现在馆员智慧服务理念欠缺、专业水平较低、智能技术方面的知识储备不足、职业成就感不足、进行智能化创新的动力不足，这些问题都严重阻碍了图书馆智慧阅读服务质量的提升。

（4）智能技术融合应用不足

根据目前对智慧图书馆的调查与分析可知，智慧图书馆为提高智慧阅读服务质量引进了多种技术，如物联网技术、人脸识别技术等，这些技术的引进使资源、服务与设备之间的有机结合成为可能；但是因智慧图书馆的服务属性，其发展受到人力和经济的制约，所以目前技术的应用较为基础和单一，严重影响了智能技术的融合应用。比如，射频识别技术的应用能够使读者的阅读更加便利，但是因其成本高昂，且更换电子标签的工程浩大，使得许多资金、规模有限的图书馆望而却步。加之每一项智能技术的前期安装与后期维护需要专门的人力和专项资金，使得智能技术的应用成为一项难题。

另外，因新技术的特殊性，图书馆馆员需要投入大量的精力和时间去熟悉和掌握技术应用软件的操作流程和维护方式，但是因为种种原因，馆员未能掌握相关技能，导致智能技术只能发挥其主要作用，无法实现智能技术的融合应用。

第二节　图书馆阅读服务的现状

一、资源建设现状

（一）传统资源建设现状

1. 政府投入资金不足

目前，我国图书馆传统资源建设困难，主要由于财政资金投入不足以维持图书馆的建设。2017 年，国外学者提出"藏书发展政策"，是指图书馆收集纸质类、电子类、网络信息类的图书资源，之后我国也制定了"藏书发展政策"，而且政府的财政投入也在逐渐扩增。从这一政策分析，政府所投入的财政资金应该能够解决我国图书馆传统资源建设中存在的问题。但是，在实际情况中，这些财政投入并未完全分配到图书馆传统资源建设中，使得各地方的图书馆购买书籍的经费有所不足。

2. "非遗"资源建设不完善

图书馆在"非遗"资源建设中已经取得一些成果，但依然存在着一些问题。

（1）资源载体少而不均

资源载体包括图书和非书资料，仅有少数图书馆收藏有非书资料，"非遗"资源载体类型不够丰富。各图书馆收藏的"非遗"资源载体呈现图书类载体占绝对优势，其他类型载体数量极少，资源载体分布不均衡的问题。一手"非遗"文献资源未体现，如口述史、手稿、实物等，这类资源载体具有不可估计的收藏与历史文化价值。

（2）"非遗"资源地区分布与图书馆"非遗"资源建设不对称

调查显示，图书馆"非遗"资源建设具有不均衡性，"非遗"资源分布排名靠前的地区，其代表图书馆的"非遗"资源收藏并不一定靠前。由于"非遗"具有很强的地域性，对于地方"非遗"资源的收集一般都由地方图书馆完成。"非遗"资源建设不均衡会产生许多连带问题，如影响读者查阅"非遗"资料的全面性、影响"非遗"研究专家利用图书馆资源做研究、不利于展示地方"非遗"的完整风貌等。

（3）各馆资源收藏差距大，"非遗"资源分布不均衡

各图书馆收藏的"非遗"书目资源差距较大，例如，福建省收藏数量最多的厦门市图书馆与最少的南平市图书馆差值为1037，且有6个图书馆的收藏量未达到均值。虽然这个问题的产生与各地区"非遗"资源分布和各地社会经济等客观因素相关，但是图书馆应该积极寻找措施缩小差距，从而促进全省图书馆"非遗"资源建设协调发展。

3. 资源建设模式单一

资源建设模式对图书馆资源结构及资源利用具有重要作用，传统图书馆服务平台主要以纸本资源建设为主，平台拓展性、兼容性差，国内图书馆大多使用国产图书馆集成管理系统，这进一步限制了资源建设模式的转型升级。纸质资源是图书馆馆藏结构的重要组成部分，传统纲目选书模式是资源采购的主要手段，为了提高资源建设效率，图书馆开展了读者荐购等资源建设模式，也开展了网上书店选书、"你选书我买单"等各类读者决策采购模式建设，然而，由于国产传统图书馆服务平台的限制，无法实施馆际互借、短期租借等相关读者决策采购模式（Patron Driven Acquisitions，PDA），纸本资源PDA及电子资源PDA建设进展缓慢。部分使用国外图书馆集成管理系统的图书馆进行了电子图书读者决策采购的尝试，因为实施范围较小，所以实施效果不明显。传统图书馆服务平台限制了资源建设模式的转型升级。

4. 缺乏整体性规划机制

目前，我国图书馆传统资源建设的渠道，主要包括政府的资金投入、私有书屋配备的图书资源、文化建设单位提供的网络信息资源、共享信息资源以及社会爱心团体或个人爱心捐助等。因此，虽然图书馆传统资源的建设渠道较广，但是每个渠道都拥有自己的建设体系，这使得我国图书馆传统资源在建设过程中缺乏整体性规划机制。例如，在2013年推行的文化资源信息共享工程中，关于我国图书馆实体资源建设情况，主要体现在数字化信息资源以及电子网络资源建设方面。之后，截至2013年，我国图书馆传统资源在全国文化建设过程中所具有的传统资源达到综合数量145.2 TB。但是，从2013年至今，就没有具体可参考的数据，这也表明此文化资源共享工程出现了发展阻碍。此外，一部分读者对文化资源共享工程并不是十分了解，这也使得图书馆传统资源的建设并不乐观。

（二）数字资源建设现状

数字资源是信息在新时代科技背景下的产物。它是以计算机系统和通信网络

系统为载体而进行的一种可识别、可预览、可传递的信息资源形式。目前来看，各地区在图书馆数字资源建设方面积累了一定的经验，也取得了一定的进展。但是从实际图书馆数字资源建设来看，制约图书馆数字资源建设的因素仍然存在。

1. 建设经费方面的制约

在图书馆数字资源建设的过程中，数字资源建设经费投入不足导致电子文献数字资源相对匮乏。图书馆属于文化事业单位，其经费主要来源于国家和地方政府财政拨款。近年来，虽然各级政府加大了对文化事业及图书馆数字资源建设的经费投入力度，使数字资源建设水平有了较大程度的提高，尤其是计算机等现代化设备的应用大大提升了图书馆数字资源建设的效率和品质。但是，在一些中西部省份的地级图书馆中，其数字资源建设经费投入仍然不足，尤其是数字资源建设专项经费存在欠缺。

2. 资源建设受到制约

（1）资源建设方向不明晰

图书馆的数字资源建设应有明确的方向，以本地区的阅读需求为中心，同时考虑国家的重大科技战略、创新发展等的实际需要。在笔者已调查的图书馆中，多数图书馆的数字资源学科以社会科学为主，其中又以财经、金融类居多，自然科学资源少，这一建设现状与部分地区的特色资源发展不完全匹配，也不能很好地满足科技创新的需求。

（2）开放数字资源的建设力度不大

首先，笔者已调查的各图书馆在整合其他机构的开放数据方面程度不一。例如，北京大学图书馆提供了300余种网络开放数据的获取途径，而有10家图书馆均未将网络开放数据纳入资源列表。图书馆这一建设现状与网络开放数据的实际发展情况有较大差距，部分政府部门、研究机构、数据中心等已不同程度地推进开放数据项目，而图书馆作为中介性的信息机构，应当在高质量网络开放数据的扩散、传播中发挥中介作用，在用户和数据资源之间搭建桥梁，通过提供满足本馆教学科研需求的网络开放数据来扩展本馆的数据资源。其次，在自建开放科学数据方面，北京大学开放研究数据平台和复旦大学社会科学数据平台均取得成效，但在数据开放的全周期性方面仍有不足，其他图书馆在自建开放科学数据方面则鲜有可供利用的成果。

（3）资源日渐丰富但相对分散

调查显示，数字资源与图书馆实际采购的书刊数量、馆内编制的馆藏统计资料存在差异，这说明还有很多图书馆的馆藏资源尚未上传到中国高等教育文献保障系统（CALIS），能上传的也只是部分图书、期刊和报纸等传统文献元数据。数字资源的整合开发，除传统印刷型文献的编目加工外，还包括数字资源的建设，其主要工作是特色数据库的建库、更新与维护。近年来，相关数据库的建设发展迅速，如广西民族大学图书馆通过网络下载、扫描馆藏纸质图书等方式自建了"东盟文献全文资源库"和"亚非语言文献全文资源库"；云南财经大学图书馆通过收录国内研究东盟及南亚各国公开发表的学术文章及相关资料建设特色资源平台"东盟数据库"；中央财经大学金融学院李健教授研究团队与广西大学中国—东盟信息港大数据研究院联合发布中国—东盟金融结构数据库。可见，在信息高度发达的今天，面向阅读服务的数字资源日渐丰富，数据库种类增多但分散。

3. 缺乏资源共享机制

针对数字资源建设不足的问题，图书馆普遍建立了数字资源共享机制，实现图书文献资源共享和构建区域性图书文献保障。资源共享不但能缓解文献资源不足的问题，还可以提高文献资源的利用率，建立图书馆资源共享机制是面向读者服务的必然选择。目前我国尚无信息资源的专项合作，系统内、跨系统的信息资源共享基础薄弱，尽管全国院校图书馆联盟也建有一定的共建共享机制，但实际的效果还未显现出来，图书馆之间的相互联系沟通有限，全国院校图书馆联盟之间的数字资源缺乏共享机制，文献数字资源流通利用率低。

4. 图书馆管理人员及相关部门的制约

（1）管理人员思想观念落后

部分地区尤其是经济落后地区的图书馆管理人员对图书馆数字资源建设的认知不足，依然受到传统图书馆数字资源建设模式的束缚，在图书馆数字资源的管理理念、管理手段、管理技术和模式上无法迎合时代要求进行提升，从而在很大程度上制约了图书馆数字资源建设的发展。

（2）管理人员信息素质低

在图书馆数字资源建设中，图书馆管理人员的知识涵养、核心素养和信息化水平与信息资源建设水平息息相关。可以说，图书馆管理人员的综合素养直接关系着数字资源建设的效率。目前来看，部分地区尤其是经济落后地区，图书馆管理人员的信息素养不高，这在一定程度上制约了图书馆数字资源的建设水平。

（3）相关部门沟通协调困难

沟通协调是图书馆信息资源项目非常重要的工作，特别是对于大型、复杂的信息资源建设项目。图书馆组织架构相对封闭，等级森严，机构庞杂，各部门业务条块分割，往往是互相制衡，而不是互相促进。职能部门往往从本部门利益出发制定数字资源建设决策，而数字资源建设管理监督协调机制的缺失又使得这种问题难以协调，从而导致进行跨部门的交流与合作十分困难。

5. 工作机制方面的制约

传统的图书馆文献资料大多采用纸质文本的形式进行记载。图书馆数字资源建设开展以后，数字资源建设和新型管理机制与原有的图书馆建设和管理机制发生碰撞，出现了强烈的不适应性，很难满足新时代图书馆数字资源建设的要求。

（三）特色资源建设现状

1. 特色资源建设存在问题

（1）建设总体规划欠缺

特色资源建设并非一朝一夕的事情，也并非图书馆一个部门就可以完成的，需要跨部门合作共同完成。图书馆应该根据地方文化特色、馆藏资源对特色资源库建设实施总体规划。近年来，多数图书馆并没有明确的规划，甚至过多地将建设重点放在了历史文化类的资源上，科技、自然、地方政治经济等方面的内容容易被忽视。从建设项目来看，目前，图书馆特色资源的建设主要是采用自己建设、项目外包、与其他单位合作共建这几种方式。因为人力、物力、财力方面的缺乏，不少图书馆将资源建设进行外包，或者采用自建与外包相结合的方式，共同提高建设。

（2）缺乏专业建设人才与队伍

当前，图书馆特色资源建设工作对工作人员的要求逐渐提高，不仅要求工作人员具备文史等相关学科背景的专业知识，还需要能够对图书馆情报资源进行有效地收集和整理，而且根据数字化建设的需求，还要求工作人员能够掌握计算机技术、图像处理技术、网络技术、音视频处理技术等。不仅如此，图书馆还需要一支专业能力强的建设队伍，从而满足当前图书馆特色资源的建设。

2. 特色资源的宣传、开发不够

（1）特色资源的宣传和利用程度不高

笔者通过官网调查发现，部分图书馆的特色资源模块隐藏在三级栏目中，把所有资源整合在一起，没有对特色资源进行突出显示。还有一些图书馆的特色资源没有简介和入口链接，用户很难找到使用方法和进入途径。同时，基本上所有图书馆由于知识版权保护，在查询和使用中会受 IP 的限制，仅限该地区用户使用，再加上宣传不到位和种种限制，致使特色资源的利用率偏低。另外，还有一些地域性特色资源可能是基于科研项目或是服务地方的需求而建，却变成了"信息孤岛"，无法满足地方的信息服务需求，更不利于本地区图书馆的特色资源建设。

（2）宣传推介力度不强

普通读者对图书馆的概念就是有大量的书籍可以阅读，然而对图书馆特色资源库尤其是自建的资源库的了解程度并不是很高，这样实际上没有达到建设特色资源库的目的，在宣传传统文化、增强文化自信方面发挥的作用也有限。当前已经进入新媒体时代，图书馆借助微信公众号、微博等新媒体能够使读者对图书馆的特色资源建设情况有更全面的认识。笔者通过调查发现，一些图书馆尽管借助新媒体进行宣传，但是网站、微信公众号等方面的信息更新不及时，图文结合缺乏趣味性等问题仍旧较为突出，自然收到的效果也不明显。

二、空间打造现状

空间形态建设是图书馆改造自身服务的重要内容。新媒体环境下的图书馆阅读服务打破了图书馆以往的空间限制、时间限制、内容限制以及馆员数量限制，在读者与图书馆之间可以找到平等关系，解决时空阻碍，为图书馆拓展服务范围做出贡献。图书馆阅读服务的环境保障有两个方面，即总、分馆建设和空间再造。随着空间再造的稳步推进，现有阅读空间面向的群体范围扩大，布局规划更加科学规范，从阅读硬环境和软环境同时创设良好的阅读环境，为读者带来更加良好的阅读体验。

图书馆现已基本实现了线下阅读空间的藏、阅、听一体化的阅读空间改造，集合文献资源整合和服务。在信息技术发展的驱动下，图书馆利用网络通信技术、云计算、大数据等新型信息技术将馆藏数字资源运用到阅读服务中，推出线上阅读方式，看书、听书、视频应有尽有，读者可通过移动终端阅读设备随时随地阅读，满足了读者的互动式阅读需求；建立数智阅读空间，融合读者、图书馆、出版机构、科技企业多方需求，支撑阅读空间与数字设备的智慧化发展。一些图书馆在借助智慧技术向智慧阅读空间改造的过程中，运用新型信息技术，创新建设阅读服务空间，灵活运用智慧型"场景五力"为阅读空间助力，转变原有的空间服务方式。

5G 时代下，众多图书馆纷纷开启智慧阅读空间的改造工作。国家图书馆为读者提供全场景沉浸式新体验，通过场景化驱动新阅读，打造虚拟现实下的全景阅读；中图云创与首都图书馆合作，按照国家需求，技术赋能线上线下相结合的阅读服务方式，通过 5G、VR 和边缘云等数字技术，将内容与产品、服务数字化融合，使用"5G 阅读树"和 VR 眼镜，为读者提供沉浸式阅读体验，推动首都图书馆阅读服务的多样化与智能化发展。

三、阅读推广现状

虽然近年来各图书馆不断开展阅读推广活动，积累了一定的经验，但在总体上还存在着以下几点不足：阅读推广活动开展不平衡、阅读推广活动内容缺乏创新、对阅读推广活动的重视程度不够、阅读推广活动的开展方式普遍化和单一化、阅读推广活动评价机制不健全。

（一）阅读推广活动开展不平衡

图书馆阅读推广活动的开展不平衡主要表现在两个方面：一是阅读推广活动时间上的不平衡，二是不同地区的图书馆间阅读推广活动开展不平衡。

在阅读推广活动开展的时间上，虽然有部分图书馆会在毕业季、开学季甚至全年开展阅读推广活动，但大部分图书馆开展阅读推广活动的时间集中在每年的 4 ~ 6 月与 11 ~ 12 月。这主要是受到"4·23 世界读书日"与"全民阅读月"的影响。在活动的持续时间上，大部分图书馆在 4 ~ 6 月开展的阅读推广活动一般持续一个月到两个月，而 11 ~ 12 月开展的阅读推广活动一般持续半个月到一个月，部分阅读推广活动仅持续一周的时间。这主要是由于"4·23 世界读书日"在图书馆界的影响力较大，在这期间图书馆所开展的活动也较为丰富，持续时间自然较长，而 11 ~ 12 月所开展的阅读推广活动主要是以数字资源宣传推广为主，活动内容相对单一，持续时间自然较短。

在不同图书馆间，其阅读推广活动的举办状况也不平衡。笔者通过调查发现，实力排名靠前的图书馆，其所开展的阅读推广活动次数较多，活动持续时间较长，活动的内容与形式也丰富多样，并且会积极组建自己的专业推广部门，形成品牌活动，构建推广平台，创办阅读推广刊物。

（二）阅读推广活动内容缺乏创新

当前读者的阅读需求与阅读特点不断变化，传统形式的阅读推广活动已不能对读者产生较大的吸引力。笔者通过调查发现，大部分图书馆的阅读推广活动依然沿用传统的活动形式，阅读推广活动内容缺乏创新。具体表现在以下几个方面。

第一，传统形式的阅读推广活动依然占有较大比重。虽然图书馆举办的阅读推广活动次数较多，部分图书馆也举办了一些比较特别的活动，但图书馆举办次数最多的几种阅读推广活动依然是竞赛活动、阅读分享沙龙、阅读之星评选、讲座等较为传统的活动。虽然传统活动的开展成本不高，组织、实施起来也较为方便，在一定程度上也可提高读者的阅读量，但是这些活动经常开展，形式与内容缺乏创新，久而久之读者对这些活动就会缺乏兴趣，参与积极性也会逐渐下降。

第二，不同图书馆间的阅读推广活动内容与形式雷同。笔者通过调查发现，绝大部分图书馆都会举办分享会、讲座、数字资源培训、"阅读之星"评选等活动，例如，在 2019 年就有 13 所本科高校图书馆开展了讲座活动，有 14 所本科高校图书馆开展了阅读分享会活动，并且许多学校的特色品牌阅读推广活动也是以阅读分享会、讲座、讲坛等为主，图书馆在阅读推广活动的形式与内容上具有巨大的相似性，这也侧面反映出其活动创新性不足。

第三，大部分读者对阅读推广活动的创新性评价不高。笔者通过调查发现，大部分被调查读者认为阅读推广活动的创新性一般，少部分被调查读者认为活动创新性较差，极少部分的被调查读者认为活动创新性非常差，三者相加的比例超过了一半。因此，从读者评价的角度也可以看出图书馆阅读推广活动的创新性确实需要加强。创新是提升阅读推广活动吸引力的不竭动力，而且随着互联网技术的发展与读者需求的不断变化，图书馆更应该在阅读推广活动的内容与形式方面锐力创新，不断推出富有创意的活动，以保持阅读推广活动对读者的吸引力。

（三）对阅读推广活动的重视程度不够

阅读推广活动作为一项系统性的图书馆服务，除了需要一定的物质资源基础支撑，还需对其予以一定的重视。虽然欠发达地区的图书馆在不断开展阅读推广活动，但相较于发达地区的图书馆，欠发达地区的图书馆对阅读推广活动的重视程度仍有待提高，具体表现如下。

第一，欠发达地区的图书馆阅读推广活动的开展并没有相关法律作保障。这是我国阅读推广法律政策大环境造成的，与发达国家相比，我国的阅读推广相关法规政策研究与制定工作起步较晚，立法进程较慢。美国的《阅读卓越法》与《不让一个孩子落后法案》分别于 1998 年与 2002 年被正式通过；日本的《关于推进儿童读书活动的法律》与《文字印刷文化振兴法案》分别于 2001 年与 2005 年被正式颁布；韩国为促进民众阅读，也在2006年正式制定了《阅读文化振兴法》；而我国的《全民阅读条例》于2013年才被写入立法工作计划，于2017年才被正式实施，而且《中华人民共和国公共图书馆法》（以下简称《公共图书馆法》）于2018年才被正式颁布实施。

第二，图书馆缺乏专业的阅读推广机构或人才。

第三，欠发达地区的图书馆不注重新媒体技术在阅读推广活动中的运用。

第四，欠发达地区图书馆的读者也不太重视阅读推广活动。

阅读推广活动对于推动"全民阅读"意义重大，每次阅读推广活动的开展都需积极重视，而不能只是简单地应付。如果阅读推广活动流于形式，不仅会造成资源的浪费，而且会拉低图书馆在读者心中的形象。

（四）阅读推广活动的开展方式普遍化和单一化

从图书馆开展过的各种阅读推广活动来看，大多数都是讲座、书画、比赛类的推广活动。可以很明显地看出，每一所图书馆组织和开展的活动都十分相似，这些类型的阅读推广活动的实施效果虽然良好，但是其开展方式明显缺乏创新。

我国目前只有个别城市和地区的图书馆已经开展了一系列具备自身特点的阅读推广活动，比如，上海图书馆结合本地历史和文化举办了一系列特色阅读推广活动。每一所图书馆都拥有自己独一无二的文化和特色，每个地区都拥有自己的历史与文化。

在开展读物宣传推广等活动时，图书馆应该充分利用自身场馆的特点和优势。如果仅仅只是生搬硬套一些普通的开放式活动和举办方式，没有真正发挥本馆的文化和特点，长此以往，阅读推广活动就会变得千篇一律，没有特点。读者也会觉得图书馆的活动没有亲切感，从而导致阅读参与度下降。因此，图书馆需要开展适合当地特点和文化精神的阅读推广活动，让读者都能参与进来，提高读者的参与积极性。

（五）阅读推广活动评价机制不健全

及时、客观地对阅读推广活动进行评价或评估，是整个阅读推广工作循环链中十分关键的环节，有利于持续推进阅读推广工作，但这一环节时常会被忽略掉。笔者通过调查发现，大多数图书馆并没有形成健全的阅读推广活动评价机制。具体表现在以下几个方面。

第一，图书馆对阅读推广活动的评价意识较弱。笔者在调查中发现，绝大部分图书馆没有成立专门的阅读推广活动评价小组，并且仅有极少数图书馆会发布相关读者调查问卷，以调查阅读推广活动的效果，而大部分图书馆在阅读推广活动开展过后没有进行阅读推广活动的评估评价工作。这充分说明部分图书馆并不重视阅读推广活动评价工作，对阅读推广活动的评价意识较弱。

第二，部分图书馆对阅读推广活动的评价方式过于简单。虽然有部分图书馆会对阅读推广活动进行评价，但其评价阅读推广活动主要是通过读者座谈会、活动闭幕式与活动总结会议等形式进行，甚至有的图书馆在阅读推广活动结束后就只是简单地发布结束公告并公布活动获奖名单。

第三，阅读推广活动评价参考项单一。部分图书馆在对阅读推广活动进行评价时，经常以活动参与人数与活动收集到的作品数量作为评价阅读推广活动的主要参考项，而较少将读者的参与感受或对读者产生的影响作为评价阅读推广活动的参考项。

阅读推广活动会产生多方面的作用与影响，因此在评价阅读推广活动时，不能简单地参考阅读推广活动的参与人数或收集到的作品数量，而应该确立多个参考项，从不同方面综合评价阅读推广活动。

第三节　新媒体环境下图书馆阅读服务的机遇与挑战

一、新媒体环境下图书馆阅读服务面临的机遇

（一）图书资源越来越丰富

线下纸质阅读模式最大的不足就是受场地和成本的限制，经济全球化进程的不断推进使全球文化不断融合，这一过程中出现了大量的图书资源，而要想通过线下纸质阅读模式将这些资源收集起来，不仅需要政府投入大量的时间成本，也需要投入大量的金钱和人力成本，所以几乎没有一所图书馆能够实现这一目标。

建设数字图书馆是实现这一目标的重要方法。对图书馆而言，以网络为载体构建新的阅读服务方式能够为读者提供更为丰富的图书资源，对于满足绝大部分读者的阅读需求发挥着关键性的作用。在网络环境下，优质的图书资源能够在短时间内通过读者宣传出去，即使有些读者与图书馆远隔万水千山，也能在顷刻间获取这些资源。由此可见，新媒体时代的到来，对于图书馆馆藏资源的拓展有着重要意义，抓住这一发展机遇能够为图书馆的服务提供更多资源。

（二）服务方式更加多元化

传统的服务环境下，图书馆基本围绕着线下服务开展工作，这些服务离不开三个要素——读者、场所、服务者，缺少其中任何一个要素，服务工作都无法进行。这种服务的弊端是服务者与读者需要通过面对面的交流才能获取信息，极大地增加了读者的时间成本。例如，读者想要阅读一本书，需要到图书馆与服务者进行沟通，如果这本书不存在，那么读者将白白浪费往返图书馆的时间；如果书籍存在，但位置不确定，服务者和读者则需要花费大量的时间去寻找书籍。无论何种情况，读者需要投入的时间成本都很高，但是电子阅读的方式能够让读者在非常短的时间内获取图书资料，从搜索到获取服务这一过程不会超过 5 分钟。多元化的服务方式为图书馆阅读服务工作的优化与创新提供了新的思路，这是图书馆发展过程中迎来的一个重要机遇。

（三）阅读方式移动化

当今社会，随着新媒体技术的发展，读者的阅读需求也随之发生了改变。读者更偏向于通过便捷的途径，高效、准确地从海量信息中筛选出有效信息。移动阅读为人们提供了前所未有的选择自由权，而新媒体技术的发展使得随时随地进行自主阅读成为可能。

移动阅读恰好符合人类渴望行动和自由获取外部信息的本能。这种阅读方式可以满足读者的实时阅读需求，帮助读者及时接收信息和认知世界。与此同时，移动阅读干扰因素太多的弊端逐渐凸显，移动阅读所呈现的多为浅显化、碎片化的内容，不利于读者思考和判断，容易产生错误的引导，扭曲真相，甚至改变读者的价值观。

（四）阅读服务效率不断提升

服务效率是衡量服务质量的重要指标，图书馆传统的阅读服务非常适用于传统的服务环境，但是在新媒体阅读环境下，阅读服务的理念和方式都发生了明显的改变。基于读者阅读兴趣和特点的新型阅读服务模式已成为许多营利性阅读服务平台的主要服务方法，与这些阅读服务平台相比，图书馆的核心竞争力较弱。因此，图书馆必须接受新的服务理念并建立新的服务体系，阅读服务效率的提升实际上也为图书馆阅读服务工作的优化提供了更为明确的思路，即围绕提升阅读服务效率进行改革和创新。这一理念对图书馆阅读服务工作的整体发展产生的影响必然是深远的，在改进服务工作方式的过程中，图书馆获得了基本的改革理念支撑，从图书馆事业长远发展的角度来看，只有与时代发展保持统一的步调才不会被时代淘汰，图书馆自身的作用将会通过不同形式得到更好的展现。

二、新媒体环境下图书馆阅读服务面临的挑战

（一）社会环境改变快，读者易流失

新媒体技术的进步使得阅读环境不断改变，图书馆的读者流失是管理者必须重视的一个问题。读者是图书馆的服务主体，然而由于"轻阅读"的流行和新媒体的泛滥，以及一些图书馆运行管理的内部因素，图书馆的读者近几年流失得很快。

读者的流失可划分为部分流失和完全流失。前者是指在单位时间内读者在馆内的借阅量较之前有明显下降；后者则为较长时间读者再没有享受图书馆提供的服务。如今图书馆读者的流失大部分为部分流失。

电子资源与线上资源的普及，使得传统的阅读方式失去了特色，人们可以根据个人喜好对更多的阅读载体进行选择，也可以选择新的阅读方式。近几年新媒体的快速发展，极大地推动了阅读方式的改变，阅读方式的改变也使得原来相对集中的用户群体分散开来。经济大环境使得人们的阅读更具有目的性、功利性，"深阅读"逐渐被"浅阅读"取代，忠实的读者大量流失。社会上信息服务产业的发展，也在一定程度上吸引了图书馆的部分读者，信息服务不再是图书馆的特色服务，市面上出现了各类民营情报机构，导致图书馆的地位下降，读者流失。

（二）给传统的"藏、借、阅"模式带来冲击

2021年2月，中国互联网络信息中心（CNNIC）在北京发布了第48次《中国互联网络发展状况统计报告》，该报告指出，互联网的普及率正呈稳定增长态势。数字化技术的飞速发展，使得人们可以任何时间在任何地点获取信息资源，不再受空间的约束。

当人们习惯于用数字来表达对某种现象的直观感受时，这些特征就会使人们的感官产生多元的体验，让原本安居于现实世界的各种体验，要么变得更加难以捉摸，要么变得平淡无奇，使人们坚信世界必是由各种可见可摸的、现实的的确确存在的物体所构成的，这种存在正在逐渐被一种可以感受到的虚拟性与不确定性替代。对图书馆来说，这种冲击主要体现在对传统图书馆的"藏、借、阅"模式的冲击，从而引起一系列图书馆空间模式与行为交互的新变革。

（三）信息超载

当今人们面临的不再是信息匮乏的问题，而是严重的信息超载问题。读者每天接触到的信息量远多于他们能够或愿意加工的信息量。在这种情形下，图书馆如何深度整合馆内资源以及网络碎片化资源，为读者提供更优质的微阅读服务，对图书馆来说无疑是个巨大的挑战。在互联网时代，人们的知识结构呈蜘蛛网状，并且读者由于学习及科研需要往往对知识信息的全面性、准确性有较为严格的要求，这就需要图书馆提供的微阅读服务不仅要具备主动性，更重要的是通过梳理、整合将碎片化信息深入持久地提供给所有读者，以帮助他们建立更加完善的知识体系。

（四）版权问题

随着微博、微信等微媒介的广泛应用，内容产品创作、数字资源出版等行为借助各大新媒体平台迅速成长。诚然，由于人们的信息版权保护意识薄弱，各类侵权问题时常发生，这也为图书馆敲响了警钟。图书馆微阅读服务的内容包括馆内原有的数字资源、经过工作人员加工的二次文献以及转载自其他平台的优秀原创作品。一旦引用不当，就会引起不必要的著作权版权纠纷。尽管图书馆作为非营利性机构，以服务广大读者为目的，但不能以此作为侵犯原作者著作权的理由。因此，图书馆在提供服务的同时，要把握好相关内容的审核，多以原创为主，如需转载及时注明作品来源及出处，避免引起法律纠纷。

第三章　新媒体在图书馆阅读服务中的应用

本章分为新媒体在读者阅读需求挖掘与提取环节的应用、新媒体在阅读内容推送环节的应用、新媒体在阅读内容升华环节的应用三部分。主要包括读者阅读需求挖掘与提取环节概述、阅读内容推送环节概述、阅读内容升华环节概述等内容。

第一节　新媒体在读者阅读需求挖掘与提取环节的应用

一、读者阅读需求挖掘与提取环节概述

（一）读者阅读需求的实质

需求是指人们在某一特定的时期内愿意且能够购买某个具体商品的需要。随着社会的不断发展，我国人民的文化需求也在不断提高。《公共图书馆法》自颁布以来，图书馆界不仅迎来了自身创新发展的新时机，也为读者宣誓自身权利、对图书馆提出自身诉求提供了保障。图书馆读者需求主要指读者对图书馆提供的服务产品及服务方式的要求。

在信息化社会，信息大量充斥在人们的生产生活中，但是并不是所有的信息都可以直接被利用，那些有序的、自身需要的信息才是人们真正需要的。图书馆作为知识和信息的集散中心，它的功能就是将混乱无序的书本和资源有序化，供人们高效寻找并利用。因此，读者需求实际上是这个时代下的一种社会需求。除此之外，人们除了需要利用信息，还需要获取知识，这实际上是人们的一种精神需求，渴望充实自己的精神世界。书本是知识的载体，而书本最多的地方也是图书馆，因此图书馆还能够满足人们阅读书本的需求。

因此，读者需求也是人们的一种心理需求的表现。可以说，读者需求就是读者对图书馆各类文献、服务和设施的要求的总和。不同的读者群体对书籍的需求是不同的，造成这种情况的原因也是多方面的，包括社会大环境的影响以及读者自身的原因，如职业、爱好、文化水平等。同时，随着社会的发展，读者不再满足于纸质书籍和纸质资源，对电子书籍和电子资源的需求也愈加提高，这也要求图书馆紧跟时代的步伐，转变服务理念，朝着多元化和个性化的方向发展。

总而言之，在实际的生活和工作中，人们因解决问题的需要而产生的一种对信息的缺失感和渴求感，这就是阅读需求，在图书馆中，一切服务都依赖阅读需求。研究和分析阅读需求，能够使图书馆服务更具有针对性，为推送阅读内容打好一定基础。一般的、单纯的机械操作不能完全获取读者的实际阅读需求，其获取程序由准确的需求层次决定。

从被动的意识程度来说，阅读需求包括意识信息需求、表达信息需求和潜在信息需求。意识信息需求是指读者只能从意识上知道有信息的需求，而不能用语言表达出来。通常这种需求需要图书馆有沟通服务，以此来使读者获得所需信息。表达信息需求是指读者能够了解和知道自己所需信息，只要在图书馆服务中有相应的服务就可以。潜在信息需求是指读者本身没有意识，有这种需求的读者都是受某些环境因素的影响，没有意识到自己所需求的信息；由于这种读者没有意识到自己对信息的需求，在图书馆的引导和服务下，从一定程度上来说，读者能够意识到自己所需信息。对读者需求的分析后面会进行展开说明，在这里不加以赘述。

（二）读者阅读需求挖掘与提取的测量

读者阅读需求挖掘与提取的测量包括两种方法，一种是定性分析，另一种是定量计算。

定性分析方面，主要使用的方法有经验判断法。经验判断法即利用专家的学识和经验来进行测量。读者需求的影响因素很多很杂，很多情况无法计算，所以需要靠专家的综合能力进行加工，从而做出判断。另外，判断也不是一个人的凭空想象，而是以多位专家的经验和信息资料为依据。

定量计算方面，主要是利用有关数据资料进行分析计算，应用较多的主要是时间序列分析法、回归分析法和 KANO 模型分析法。时间序列分析法是利用过去的资料来预测未来的发展趋势，将历史资料按时间顺序进行排列，算出预测的情况。回归分析法是利用数理统计方法来揭示变量之间的相互关系。KANO 模型分析法是一种分析用户需求类型的模型，对图书馆来说，读者就是用户，因此 KANO 模型分析法也能够应用于图书馆读者需求的测量上。通过 KANO 模型的帮助，图书馆可以确定读者各种需求的所属类型，并依据 KANO 模型理论来调整自己的服务策略。

二、新媒体应用于读者阅读需求挖掘与提取中的理论依据

（一）KANO 模型

1. KANO 模型基础理论

KANO 模型是东京理工大学教授狩野纪昭在魅力质量理论的基础上提出的分析模型，以其名字命名。严格来说，传统的 KANO 模型本身是一个典型的定性分析模型，一般不直接用来测量顾客的满意度，但它有助于服务供给方挖掘用户不同层次的需求，识别出影响用户满意度的关键因素。KANO 模型需求分析方法的一般步骤为：识别初始需求→设计 KANO 问卷并发放→确定需求项的 KANO 类别→根据 KANO 分析方法识别用户需求层次和满足需求的优先顺序→结合实际进行分析，提出相应的设计方案。

KANO 模型是一种分析用户需求类型的模型，利用这个模型，我们可以了解用户的这些需求是什么类型的，然后根据重要程度来取舍。在 KANO 模型中，可将用户需求分为五类，即基本型需求、兴奋型需求、期望型需求、无差异需求、反向型需求，如图 3-1 所示。

横坐标表示某项服务提供情况由左至右依次增加，纵坐标代表用户满意程度由下至上依次增加。

（1）基本型需求（M：Must-be Quality）

基本型需求是指用户认为必备的需求。当企业提供此需求时，用户满意度会提升；当不提供此需求时，用户满意度就会随之降低。

对于这类需求，企业应该注重提供这些方面的服务，并务必在产品中体现这些需求。它是处于成长期的需求，是用户、竞争对手包括企业自身都关注的需求，也是体现企业竞争能力的需求。

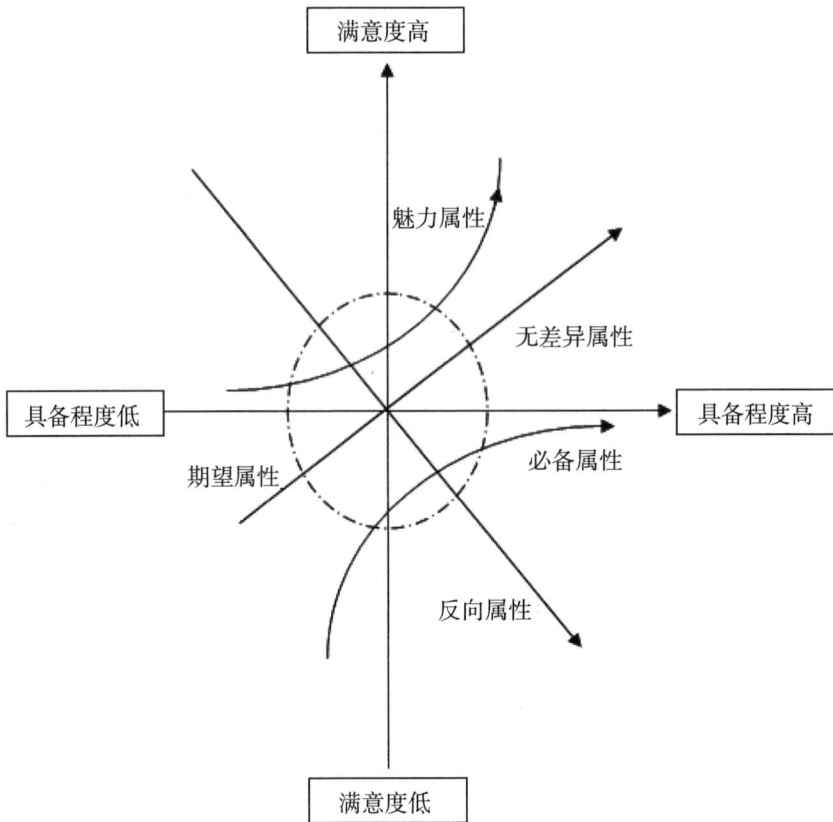

图 3-1　KANO 模型需求类型

（2）兴奋型需求（A：Attractive Quality）

兴奋型需求也称作魅力型需求，顾名思义，就是会让人兴奋欣喜的需求。这种需求是用户本身没有想到的，因此企业若不提供此需求，用户满意度也不会降低。但是若提供此需求，用户满意度会有明显提升。

这就要求企业在提供产品或服务时，要替用户所想，让用户有出人意料的惊喜，从而提高用户对品牌的喜好度和忠诚度。

（3）期望型需求（O：One-dimensional Quality）

期望型需求也被称为意愿型需求。当企业提供此需求时，用户满意度就会提升；当不提供此需求时，用户满意度就会降低。

对于这类需求，企业应该注重提高这方面的产品质量，力争超过竞争对手，从而提高用户的满意度。

（4）无差异型需求（I：Indifferent Quality）

无差异型需求是指用户不在意的需求。这种需求可有可无，换句话说，企业无论是否提供此需求，用户满意度都不会有改变。

（5）反向型需求（R：Reverse Quality）

反向型需求是指许多用户根本都没有此需求，提供后用户满意度反而会下降。因此，企业在提供产品或服务的过程中应避免此方面的服务，避免减分。

2. KANO 模型操作步骤

利用 KANO 模型进行用户需求分析的步骤如下。

第一，从用户角度认识产品或服务需要。

第二，设计问卷调查表，根据确定的指标体系设置问题，每个问题均从正反两个方向进行询问，获取提供此功能和不提供此功能的用户满意度。

第三，进行问卷调查，发放给目标用户，并说明问卷填写注意事项，避免同一问题的正反问项均选择 1 分或 5 分。

第四，将调查结果进行需求分类。

第五，深入分析调查结果，提出改进措施及意见。

3. KANO 模型在图书馆领域的应用研究

国内有关 KANO 模型在图书馆领域的应用研究都只是理论方面，实证方面的相对较少，但是我国也有部分学者进行了相关研究。

四川外国语大学教授唐晓玲为了能对用户需求进行更加准确的识别，在数字图书馆服务质量评价中提出基于 QFD 和 KANO 模型的质量评估方法，有效量化了图书馆的服务质量，从而达到了提高服务质量的目的。

江苏大学教授施国洪整合了 KANO 模型与 SERVQUAL 模型，将这两个模型应用于图书馆服务质量评价中，在评价质量时，两个模型发挥了各自的特点，并且他采用"顾客满意度系数"研究了服务质量特性与满意度之间的关系。

湖南工学院图书馆党总支书记唐虹等人利用 KANO 模型对高校图书馆信息服务质量进行了评价，对读者满意度和重要度进行了定性分析，并且针对提高读者满意度给出了建议。

有学者基于 KANO 模型和服务质量差距模型，优化了目前高校图书馆服务质量评价体系。该学者在将两个模型应用到图书馆中时，发现两个模型之间有一定的区别，需要分别以各自的优势为基础来实现两个模型之间的配合协作，从而最大限度地优化图书馆现有的服务质量评价体系。

（二）德尔菲法

德尔菲法是一种专家访谈法，能够在整理、分析文献的基础上，利用专家的知识和经验对指标体系的构建提供合理性意见，提高指标体系的科学性和合理性。

1. 德尔菲法基本理论

德尔菲法也被称为专家调查法，于 20 世纪 20 年代由兰德公司与道格拉斯公司在合作研究中命名，是系统分析方法在价值领域的一种延伸。专家咨询期间，调查人员调查专家对问卷问题的看法，经过几轮专家意见咨询和反馈，专家们的意见逐渐集中，最后将专家基本一致的看法作为预测结果。

2. 德尔菲法特征

（1）充分利用资源

由于咨询专家人数较多，能够充分利用每位专家的经验和学识。

（2）结论可靠

由于采用匿名、单线的沟通方式，能够保证专家免受干扰做出判断，不会因为坐在一起讨论，碍于面子不方便说出真实看法。

（3）结论统一

经过几轮的反馈，专家们的意见会逐渐趋于一致。

3. 德尔菲法操作步骤

第一，组成专家小组，专家人数一般不超过 20 人。

第二，向专家提出问题，说明有关要求，并附上研究的背景材料。

第三，各位专家根据他们所收到的材料，提出自己的意见。

第四，调查人员将各位专家第一轮的反馈进行汇总分析，再分发给各位专家，让专家比较自己同他人的不同意见，修改自己的意见和判断，在过程中均为匿名单线联系，避免暴露专家信息和专家间交流的情况。这一过程重复进行数轮，直到每位专家不再改变自己的意见为止。

第五，调查人员对专家的意见进行综合处理，得出最后的结果。

三、基于新媒体平台的读者需求层次分析

（一）基本型需求分析

基本型需求是顾客对企业提供的产品的基本要求，是顾客认为产品"必须有"

的属性或功能。当其特性不充足（不满足顾客需求）时，顾客很不满意；当其特性充足（满足顾客需求）时，顾客也可能不会因此表现出满意。

在图书馆阅读服务中，基本型需求是指读者对图书馆新媒体平台推送内容的基本要求，当图书馆优化提升此类型需求时，读者的满意度不会提升，但是如果此类型需求不能得到满足，读者的满意度会显著下降。常见的这类需求包括新媒体平台提供关于纸质资源获取的内容、新媒体平台提供关于电子资源获取的内容、新媒体平台提供关于书籍推荐的内容和新媒体平台推文的文字风格较为严谨等。

在提供纸质资源和电子资源获取内容方面，图书馆的读者首先需要获取纸质、电子书籍和资源，这些资源也是读者来图书馆的最主要、最直接的目的，图书馆就是提供此服务的机构，它能从多渠道获取各种类型、格式的纸质资源和电子资源来满足读者对资源的需求。

另外，随着时代的发展、新媒体的传播，部分图书馆的读者也受到新媒体的影响，乐于接受新鲜事物，这类群体都是新媒体传播渠道的受众，因此通过新媒体平台获得纸质资源和电子资源就成了读者的基本需求。

在图书推荐的内容方面，读者必须从书中获得相关的资料，而图书馆每年都会购买大量的新书，不断增加着馆内的藏书，将这些书放到资料库里，然后将这些书按照中图法的分类编号放上去。除非读者有针对性地去找书，不然很难找到自己喜爱的新书。新书在书架上会和旧书混杂，使读者很难分辨出哪本书是新的。虽然很多图书馆都有智能设备，可以为读者提供最新的资料，但读者必须到图书馆才能享受这种服务。因此，通过新媒体平台获取新书推荐内容就成了读者的基本需求。

在新媒体平台推文的文字风格方面，客观上来说，图书馆新媒体平台作为图书馆自身的"代言人"，其对内部读者来说象征着传播知识的载体，对外部读者来说代表着图书馆的形象，因此读者认为图书馆新媒体平台推文的文字风格严谨是基本需求，尤其是在书籍、资源、学术信息、图书馆通知等方面的推文中。这就需要图书馆推文时注意语言的准确和精简，但是值得注意的是，在阅读推广活动推文中可以采用一些活泼的语言，要具体问题具体分析。

（二）兴奋型需求分析

兴奋型需求是指不会被顾客过分期望的需求。兴奋型需求一旦得到满足，顾客的满意度会非常高。随着兴奋型需求的满足，顾客期望程度的提高，顾客满意度也急剧提高。反之，即使在期望不满足时，顾客也不会表现出明显的不满意。

在图书馆阅读服务中，兴奋型需求是指读者对图书馆新媒体平台的内容感到意料之外的需求。当图书馆不提供此类型需求的项目时，读者的满意度不会降低，但是如果满足读者此类型需求，那么读者的满意度会显著提高。常见的这类需求包括新媒体平台推文有音频、视频、开通留言功能等。

在新媒体平台推文有音频和视频方面，由于移动互联网的快速发展，读者获取信息的载体从文字慢慢向音频和视频转移。当我们把目光投向市场时即可看到，市场上"读书"和"听书"类的有声书 App 越来越多，其用户也越来越多，不止年轻人是其受众，中年人、老年人也深受其吸引。同样，短视频 App 也层出不穷。

因此，读者需要图书馆通过音频和视频提供内容，可以在短时间内高效获取信息。例如，读者可以在路上边走边听，高效利用碎片化时间获取信息。在节奏越来越快的今天，如果新媒体平台能够提供音频内容，读者将无须拿着手机一行一行地阅读文字，在路上戴上耳机就可以听到推文内容；如果新媒体平台能够提供视频内容，读者在阅读推文时，可以结合视频画面获取信息，便于理解。例如，图书馆在发布馆内设施的新媒体平台推文时，仅靠文字内容无法让读者简洁明了地了解新设施的使用方法，如果配上操作视频，那么将极大地提高读者的满意度。

在新媒体平台推文开通留言功能方面，这个时代人人都是自媒体，读者也期望图书馆新媒体平台推文能够开通留言功能，使其在阅读完推文后有表达自我观点的平台。同时，图书馆能够通过留言平台实时了解读者的需求，与读者及时进行沟通，进而不断优化新媒体平台相关服务，并不断提高读者的满意度。

在新媒体平台推文利用新媒体推广方面，由于社交网络的快速发展，图书馆推文的读者基本都是社交网络的使用者，因此能够通过新媒体平台看到图书馆推文也是读者的兴奋型需求的一种，图书馆可以利用各种新媒体渠道进行新媒体平台推文的推广。

（三）期望型需求分析

期望型需求是指顾客的满意状况与需求的满足程度成比例关系的需求。期望型需求没有基本型需求那样苛刻，其要求提供的产品比较优秀，但并不是"必须"的产品属性或服务行为。企业提供的产品水平超出顾客期望越多，顾客的满意度越高，反之亦然。

　　在图书馆阅读服务中，期望型需求是指读者希望图书馆新媒体平台能够提供的内容，当图书馆不提供此类型需求的项目时，读者的满意度会降低，但是如果满足了读者此类型需求，那么读者的满意度会显著提高。常见的这类需求包括新媒体平台推文有图片、图文排版简约、提供关于读者活动的内容、利用图书馆内的电子屏推广等。

　　在新媒体平台推文有图片方面，自从 3G 移动网络出现以来，我国移动互联网就进入了读图时代，网速在加快，信息量在增多，读者浏览信息的速度也在不断提高。对于互联网络上传播的信息来说，图片传递信息的效率比文字更高。另外，图片通过色彩和画像向读者简明扼要地传递信息，读者也更乐于接收图片信息，但是在图书馆的新媒体平台推文中，很多推文的图片利用效率并不高，尤其是在提供图书馆通知、学术会议信息等推文内容时，往往只有大量文字。

　　除此之外，在提供阅读推广活动和新书推荐等内容时，虽然配有相关图片，但是图比例较少，文字仍然是主要内容，这与读者的"读图需求"相违背，因此读者期望图书馆在新媒体平台提供内容时，要尽可能提供内容相关图片，提高推文易读性。

　　在新媒体平台推文的图文排版简约方面，读者的审美越来越趋近于简约，这一点可以从部分爆款新媒体平台推文中看到，大量的留白、简单干净的配图、尽量少的装饰等都是读者比较喜欢的排版风格，图书馆新媒体平台推文的读者也期待在图书馆推文中看到这样的排版，所以排版简约是读者的期望型需求。因此，在新媒体平台推文的排版中，编辑应该尽可能减少文字堆砌的情况，调整字间距、段落间距，调整文字与图片的距离，推文的主色彩与推文中的图片主色彩保持一致等，保持排版的美感，这些都是读者期待的新需求。

　　在新媒体平台提供关于读者活动的内容方面，读者作为推文服务的对象，期望图书馆对读者活动的相关内容给予足够的重视，而目前很多图书馆的读者活动推文内容一般都是在活动开始前发出通知，活动结束后发出活动相关照片，其他方面涉及内容极少，无法满足读者对了解活动细节方面的需求。

　　在新媒体平台，推文利用图书馆内的电子屏推广方面，目前很多图书馆已经在馆内引进智能操作平台，一般平台可以满足读者查询书籍、借阅书籍、预订座位、查询通知等基本功能。与此同时，我们也可以发现很多经常去图书馆的读者并没有关注图书馆的新媒体平台账号，这导致他们会错过很多紧急通知；有些读者即使关注了图书馆的部分新媒体平台账号，但是没有看推文的习惯。因此，部分读者期望在馆内的电子屏上可以看到推文，在馆外通过手机也可以看到推文。

（四）无差异型需求分析

无差异型需求是指无论读者的此类需求是否得到满足，其满意度均不会发生明显变化。东京理工大学教授狩野纪昭认为，读者对同一需求的态度会随着时间的推移而发生变化。因此，图书馆在进行新媒体平台推文建设的过程中，也应关注无差异型需求类的项目。常见的这类需求包括新媒体平台推文内容是原创的、新媒体平台推文的文字篇幅长短和新媒体平台推文的图片数量。这些需求属于无差异型需求的原因是，新媒体平台上的推文，只要得到原作者的允许，就可以转发，而转发一条好的推文，既有利于作者，也有利于图书馆，还有利于读者，所以不管是不是原创推文，读者都不会觉得有什么区别。同时，推文的文字长短和图片数量也对读者的影响不大，主要在于图书馆新媒体平台推文的字数不会很多，少则 300 字左右，多则 1500 字左右，因此这二者也属于无差异型需求。

新媒体平台推文提供关于学术讲座与学术新闻、读者咨询服务、读者借阅服务、馆内设施设备、图书馆通知、读者投稿的内容也属于无差异型需求。

首先，从客观上来讲，以高校图书馆为例，学术报告会在报告厅举行，但由于学术新闻的特殊性，图书馆只能提供大型的、高知名度的相关内容，读者对其需求不大。

其次，在读者方面，读者入馆时均会接受馆内教育，馆内教育包含读者借阅服务和馆内设施设备使用方法，而如果有新问题，读者可以在图书馆新媒体平台的聊天界面反映问题，或者在馆内借阅处咨询；如果没有新设施设备，读者也就对此类内容没有需求。

最后，因为读者更希望从图书馆推文中获取活动、咨询、资源等信息，而不是看到类似读者作品的内容，因此图书馆推文提供读者投稿方面的内容属于无差异型需求。

另外，新媒体平台推文图片风格、视频风格是否为读者提供了互动平台、与读者互动频率也属于无差异型需求。因为目前在图书馆的新媒体平台推文中，图片和视频这两种信息载体的使用率较低，在读者希望"推文有图片和视频"的需求还没有得到满足时，读者对图片和视频风格的需求也就无从谈起了。

我们需要注意的是，需求的类型是会变化的，随着图书馆新媒体平台的不断发展，图片和视频这两种信息媒介的使用率会越来越高，有图片和视频内容的推文也会越来越多，那时读者就会对推文的图片和视频的风格有所需求，现在的无差异型需求可能会变成兴奋型需求。

图书馆新媒体平台推文目前主要还是单向信息流通，很多图书馆还没有能够吸引读者留言互动的推文内容，因此目前读者对新媒体平台推文是否提供了互动平台以及互动频率没有需求。

（五）读者需求要素分析

对公共图书馆阅读空间的建设与发展来说，读者的感知、认识以及对空间设计、特色、服务效果的评价都具有关键性的作用。图书馆阅读空间的再造要以读者为中心，重视读者的感官及情感需求上的体验，综合考虑读者对图书馆阅读空间的感知与价值评判。在建设过程中，图书馆应更加注重空间融合性，包括馆员需求与读者需求、馆内外资源、实体空间与虚拟空间、空间功能的交互等的融合，围绕读者需求以及舒适性、直接信息交流等进行阅读空间建设。总的来看，影响图书馆读者需求的要素主要包括以下几个方面。

1. 资源获取需求

获取资源以及实现个人对活动空间、环境的需求是读者来到图书馆的主要目的。信息资源、空间资源、文化资源、环境资源等方面都体现着图书馆的资源价值，图书馆既是知识中心、学习中心、文化中心，又是"开放的公众知识空间""终身学习的好地方"，也是交流、创新和休闲的中心。读者来图书馆的目的已不仅仅局限于借阅文献，还包含获取信息、讲座、展览、培训、空间和活动资源，从而实现交流、体验、娱乐、休闲等功能。

读者在利用图书馆达到上述目的的过程中，体验效果会投射到读者的心里，读者在图书馆各类空间中获取度的实现程度如何，是评价图书馆空间服务的核心要素之一。也就是说，读者到图书馆的目的实现了没有、实现了多少、感觉如何都影响了最终的读者获取度，这不仅受到读者获得了多少资源的影响，而且受到环境、视觉和听觉等因素的影响。

2. 阅读方式的需求

在新媒体时代背景下，互联网已经渗透到人们日常生活的各个层面，而最为直观的变化表现在于人们获取信息的媒介以及阅读方式发生了巨大改变。在新媒体时代，传统媒体时代特有的报刊亭已经不复存在，取而代之的是更加便捷、高效的网络数字化阅读，这种全新的阅读方式使人们的阅读行为发生了一系列变化。

数字化阅读与传统纸质阅读相比较，不论在内容上还是在形式上，都应呈现更强的丰富性，以便读者依据个人喜好进行个性化阅读。不仅如此，读者还可以充分利用碎片时间进行移动式阅读，使个人时间得到高效利用。鉴于新型阅读方式存在诸多优势，数字化阅读受到广大读者群体的青睐，并使其阅读行为发生根本性改变。

3. 技术体验的需求

现如今，数字技术、智能技术的发展深刻影响着人们的生活，并且在人们的阅读方式上有着明显的体现。根据近年来全国国民阅读调查报告显示，国民数字化阅读的接触率一直处于上升状态。"第十九次全国国民阅读调查"成果显示，2021 年国民数字化阅读接触率达到 79.6%，相比 2015 年的 64% 上升了 15.6 个百分点。这说明图书馆在满足读者数字化阅读方面还需要付出更多努力。

从数字化阅读到智慧化阅读，从数字图书馆到智慧图书馆，既是图书馆服务方式的发展，更是用户现代化需求在图书馆利用方面的体现。服务内容获取和体验的现代化、智能化、便捷化，利用现代技术实现互动与交流，成为影响读者利用图书馆的重要因素。

4. 阅读互动性的需求

传统图书馆为读者提供的阅读服务中，互动性较差，读者在阅读过程中难以有效与其他读者开展互动交流。通过采用新媒体技术，读者在新媒体平台中阅读时，能够与其他读者进行实时交流，从而提高阅读趣味性。读者能够在新媒体平台中发表自身的观点、看法以及阅读感受。在这个过程中，读者不再只是被动的阅读者，而是阅读的主动参与者、创造者，能够实现阅读的双向互动。为此，在图书馆数字阅读服务推广过程中，可以充分吸收读者的意见，从而调整自身服务模式，提高阅读推广服务质量。

5. 个性化的需求

新时代下，公共文化服务面临着协调人民群众基本文化需求与文化需求多样化、实现标准化和个性化服务统一的问题。不同读者的阅读需求是完全不同的，例如，有些读者对智慧化服务和人工智能更感兴趣；儿童更喜欢色彩活泼鲜艳、轻松的场景；青少年对一些技术、科普呈现的场景多会表现出浓厚的兴趣；老年人则更喜欢安静地读书、看报等。

因此，传统的图书馆不太能够实现同时满足大多数人的需求，但是通过新媒体平台，可以在一定程度上向读者传达更适合其需求的内容，通过挖掘每位读者的实际需求与想法，提供相应的内容与解决方案，把新媒体平台完美融合到读者的需求中。

四、典型新媒体在读者阅读需求挖掘与提取环节的应用

（一）SMS、MMS 服务的应用

图书馆服务内容在手机新媒体引入之后有了非常大的拓展，特别是在信息需求提取环节，手机短信（SMS）服务功能和多媒体短信息（MMS）服务功能可以在很大程度上提高对用户需求的深度简便提取。现阶段社会公众对 SMS 服务已经非常熟悉，而且它在实现方式上也逐渐多样化。例如，企业可以通过邮件的方式向用户发送天气预报、新闻等信息，尤其是在手机短信开发出群发功能之后，很多企业都已经全面应用。

SMS 融合进图书馆服务之后，能够对读者的表达需求进行及时提取，并根据分析结果提供相应服务，而且图书馆可以通过 SMS 服务向读者发送新书信息以及各种能够激发读者潜在需求的资料，通过更为直接的方式来转化读者的意识需求。MMS 服务能够提供的信息更为丰富，这种技术的信息传输量非常大，对未来图书馆的发展意义重大，而且 MMS 可以看作 SMS 技术的升级，用户能够依照 WAP 使用方法自行提取需要的信息，进而实现以读者为中心的图书馆信息服务模式。

（二）数字电视的应用

在图书馆 2.0 的初级阶段，数字图书馆建设更注重服务平台及模式的规划搭建，希望在 ICT 融合背景下为读者提供一个开放的创新空间。数字图书馆推广工程提出构建以国家数字图书馆为中心、以各级数字图书馆为节点、覆盖全国的数字图书馆虚拟网，以互联网、移动通信网、广电网为通道，借助各级公共图书馆和手机、数字电视、移动电视等新兴媒体，向公众提供多层次、多样化、专业化的数字图书馆服务，打造基于新媒体的图书馆服务新业态。

与互联网和手机等服务终端相比，数字电视具有其独特的优势：由于前身的广电网络发展早，覆盖宽，受众面广，图书馆 2.0 可以借助数字电视这一媒介，将丰富多彩的数字文化资源以观众喜闻乐见的形式表现出来，扩大图书馆公共文化服务的受益人群。三网融合后，数字电视网络具有正反向传输功能，可以成为数字图书馆的传输途径，为图书馆 2.0 应用平台的建设奠定基础。

（三）微信公众号在图书馆信息服务中的应用

图书馆微信公众号信息服务涵盖信息发布、宣传推广、馆藏检索、业务办理、读者咨询交流等各个方面。笔者通过对图书馆微信公众号的对比分析，发现图书馆微信公众号信息服务主要体现在以下四个方面。

一是自动信息回复，分为读者关注信息自动回复和关键词信息自动回复。

二是在线咨询服务，读者可在微信公众号主界面下进行信息咨询。

三是菜单功能信息服务，一般微信公众号都设有三个一级菜单和多个二级菜单，提供一些信息服务，如读者绑定、馆藏资源检索、电子资源浏览等服务。有的图书馆在菜单功能下还提供信息服务内容更丰富的二级集成界面模块，如北京大学图书馆微信公众号的一级菜单"书声朗润"集成了各种读书分享、阅读推荐、阅读报告和读书讲座等信息服务。

四是基于推文的信息服务，也是专家学者重点研究的微信公众号信息服务形式，通过编发推文实现馆情介绍、资源推介、新闻公告、文化传播、阅读数据等信息服务功能，通过发文量、阅读量、转发量、点赞量等指标衡量信息服务效果。

第二节　新媒体在阅读内容推送环节的应用

一、阅读内容推送环节概述

（一）阅读内容推送环节的内涵

阅读内容推送是整个阅读服务的核心部分，基于对阅读需求的抽取，再进行深度的服务。从宏观上看，阅读内容推送主要包括三个方面：需求分析、内容整合和内容推送。

分析阶段紧跟读者需求提取的过程，对不同类型读者的需要进行分析，但是这一步所需要的信息并不限于前一步的信息，还需要将读者的个人信息、网络行为信息以及会随时变动的需求信息等融合到一起，这样才能更科学、更准确。随着网络信息技术的发展和创新，本体、语义、网格等技术也逐渐渗透到这一领域，而智能代理分析则是一个具有感知能力、解决问题能力、与外部沟通能力的智能化过程。在需求分析的过程中，力求将需求的内容进行归类、整合，最终形成使用者的个性化需求档案。

内容整合是指根据特定的读者需要，整合相应的资源，为推送服务做好准备。这一阶段的工作是关键，它直接关系到读者的信息资源的质量，也是赢得读者对图书馆归属感的重要手段。

内容推送本质上是一种将整合后的资讯资源传递到使用者面前的简单传递，而在服务观念的改变下，推送的工作不再是单纯的资源展示，而是更多地关注使用者的理解与吸收，所以推送方式也从电子邮箱、送书到上门，向网络讲座、知识竞赛等方向发展。

在内容推送这一过程中，每一阶段的推送服务都是相辅相成、相互促进的，使得整个服务的质量得到了提升，而随着这一过程的不断完善，孕育服务理念这种推送模式逐渐形成，在各种模式的指导下，推送服务更加趋于科学化、合理化。笔者在分析多种推送服务方式的基础上，总结概括出以下几种典型的推送服务方式。

1. 被动式推送服务

在被动式推送服务中，读者是服务的引发者，图书馆在接到服务请求的基础上展开针对读者特定主题的推送服务。这种推送方式类似于参考咨询服务的定题咨询，但少了总结分析的环节，直接把收集的各种信息资源通过电子邮件或是邮寄等形式传递给读者。例如，用户订阅服务。

2. 主动式推送服务

主动式推送服务是一种基于分析的推送服务方式，它是由图书馆作为服务的发起者，通过对读者的各类信息进行分析，并对其进行推送。图书馆利用智能代理技术，根据使用者提供的个人信息、网络行为和智能收集的使用者的兴趣爱好，进行资源的整合和推送，这种推送可以是基于公共利益的宏观推送，也可以是智能推送。

3. 交互式推送服务

交互式推送服务是一种分析和推送相结合的服务方式，在推送服务的发展中，图书馆馆员和读者逐渐认识到，一次提交需求、多次提供服务的模式并不能满足读者多变化性和强针对性的信息需求，因此交互式推送服务应运而生。它是一种从微观上解决种种问题的服务方式，具体流程大致如下：首先由图书馆提供一份资料的目录，也就是相关内容标题列表，然后由读者进行筛选，给出一个概要清单，也就是摘要列表，然后读者再进行筛选，图书馆根据读者提供的信息进行最后的整合，把完整的信息内容发送给读者。当然，在整个服务的过程中，读者可以根据自己的需要，将筛选的精确度降低或提高。

（二）新媒体平台阅读内容推送与读者的关系

一方面，读者对图书馆新媒体平台推送的内容有要求。在传统的图书馆传播信息的过程中，读者无法获取到所需图书馆的信息，或者获取信息的过程费时费力，因此读者需求的产生会倒逼图书馆新媒体平台对阅读内容推送进行改进，那么图书馆在推送阅读内容时，不能简单地把之前传播的信息加上图片、音乐等进行推送，这样无法发挥新媒体平台阅读内容推送的作用，也无法满足读者的需求。图书馆本质上是服务机构，要时刻关注读者所需，因此图书馆也应针对读者需求提供新媒体平台阅读内容推送内容，这样才能有效吸引读者阅读、关注和转发，进而吸引更多的读者，逐渐提高推文影响力，激发读者的阅读兴趣。

另一方面，新媒体平台阅读内容推送质量的提高，也能够刺激读者需求的进一步发展。新媒体平台阅读内容推送与读者需求形成一种循环关系，相互促进，对图书馆来说能够提高其服务质量，对读者来说能够满足其获取信息的需求。

二、阅读内容推送的新媒体平台建设

随着网络技术、大数据技术、移动通信技术等的快速发展，新媒体移动、及时、互动、平等、分享的特性被不断放大，对人们日常交流和知识获取的方式和习惯产生了重大影响，并由此催生出全新的沟通、学习平台，即社交媒体。时至今日，社交媒体正凭借自身快捷方便、多元互动、内容海量、形式多样等优势，在满足人们日常社交活动之外，成为获取知识的又一重要渠道。

对以知识传播为工作核心的图书馆来说，沟通交流服务的新媒体化，能够提高图书馆知识服务的宣传能力，解决读者在使用过程中遇到的问题，提高读者知识信息的接收能力；拉近图书馆与读者之间的距离，营造舒适、愉悦的知识传播氛围，提升读者学习并接受知识的兴趣，营造有利于知识传播的良好环境。因此运用社交媒体，构建图书馆知识传播沟通平台成为一个不可回避的课题。

（一）微信公众号

在国内多种社交平台中，微信凭借更加丰富多样的功能，成为图书馆沟通平台的首要选择。微信公众号主要提供服务号、订阅号、小程序等服务，其中服务号的核心是功能服务，订阅号的核心是信息发布，小程序的核心则是使用者能够开发具备其他功能的小程序。

　　微信公众号在图书馆知识服务工作中承担着信息发布和移动资源管理的核心功能的作用，在日常沟通过程中承担着舆情监督、问题解答、维护图书馆良好知识传播环境的重要使命。微信公众号与读者沟通交流的方式主要是馆务通知、活动公告、书籍推荐、名言警句和校园信息发布等，形式上虽然更偏向于单向通告，但是在向全体读者发布信息之余，图书馆会对读者的评论、转发和点赞信息进行梳理、过滤，运用大数据进行实时监测分析，在相关讨论热度上升后及时予以答复，形成舆情发现、反馈、疏导一体化机制，有效营造图书馆文化氛围，保证图书馆知识传播环境不受破坏。

　　此外，图书馆可以借助小程序构建读者新媒体平台交流的主要渠道，既是为读者提供观点分享、提出意见的发声渠道，便于图书馆实时了解读者需求，调整知识传播手段，也是为图书馆建立官方读者交流平台，便于图书馆管理并引导舆论，营造良好的知识传播环境。

（二）官方微博

　　微博是基于用户关系提供信息分享、传播以及获取的平台。相比于微信公众号讲求功能性、使用环境相对封闭的特性，微博的用户互动性更强，但也存在功能承载能力不足的情况。相比微信公众号，图书馆官方微博读者粉丝人数相对较少，但仍有一定基数。图书馆更多将微博定位为"校园生活的陪伴者"和"好作品的推荐者"，图书馆向读者提供书籍推广、名人介绍、影视推荐、名言警句分享、名家见解等知识信息推送服务，通过优质原创推文，向读者推荐名人名言、优秀书籍、影视作品的同时，激发读者讨论，营造活跃的知识交流氛围，构筑富有活力、创造力的知识传播网络空间。

　　微信公众号与官方微博的平台属性存在着显著差异，前者以社交关系网络为主，用户主要将其用于日常的交流，而微博则属于社交信息网络，更偏向于以图书馆为媒介进行信息交流。

　　因此对图书馆来说，微博也是微信公众号管理服务的重要补充渠道，有着向读者提供馆务通知公告、突发事件报道、读者问题收集反馈的功能。图书馆通过微博扩大管理服务宣传范围，更有效地收集读者点赞、评论、转发数据，进行大数据分析，构建读者用户画像，细分不同群体的读者需求，进一步优化知识服务模式，提升知识传播效果。

（三）图书馆QQ群

　　QQ作为一个老牌即时通信平台，依靠其强大的沟通交流功能和随时随地使用的便捷性，受到读者青睐，拥有着极其庞大的用户基数。QQ群的即时聊天、收发离线信息、文件传输和群空间等功能更有利于图书馆各类知识服务的开展。

（四）短视频社交平台

近年来，新媒体技术快速发展，以手机为主的移动终端已经成为连接图书馆与读者的重要枢纽。随着5G的快速普及、信息传输速度的提升与资费的下降，短视频以其精简的内容和直观的表现形式，越来越成为人们最为青睐的知识获取途径。

图书馆作为传播交流知识和信息的中心，也受到了这一趋势的影响，越来越多地通过抖音、B站、小红书等短视频平台介入读者的沟通交流，读者自发通过抖音进行图书馆相关事务交流的比例，甚至完全超过了图书馆官方运营的QQ群，也引起了官方的高度重视，各个图书馆也在积极进行短视频社交平台的探索。

然而，无论是图片、文字、音频还是短视频，形式都是为内容服务的，任何情况下，"内容为王"都是信息传播的最高准则，良好的短视频社交平台运营需要的是长期稳定的发布率和高质量的知识内容，短期试探性的或是"三天打鱼，两天晒网"式的发布率，难以吸引读者关注，更谈不上为读者提供优质的知识信息服务。

第三节　新媒体在阅读内容升华环节的应用

一、阅读内容升华环节概述

阅读内容升华是图书馆整体阅读服务的最终目标，阅读的实质意义在这里得到了充分的体现，启迪智慧、拓宽视野、创新创造都离不开基础阅读活动，更是升华阅读内容最直接的表达。物质信息的升华不是进行简单的阅读活动就能达到的程度，需要前期大量信息、资源的积累沉淀以及思维、创新、整合等各种知识能力综合作用的结果。

阅读内容透视与解析阅读是内容升华的出发点，读者会下意识地将自己的阅读进行分类，从中抽取符合自己需求的内容进行分析，深入而又牢固地掌握了这些信息，为内容的升华明确了延伸的起点。

累积是阅读内容升华过程中的一个重要环节，不同的文化背景和知识的积累使读者在同一信息的内容上会有不同的理解、想法和观点。同时，读者身边人的思想、观点也会对读者的主观情绪产生一定的影响。

思维、创新、整合等知识能力都是阅读内容升华的基础，值得一提的是有了阅读的原点内容、相关知识的积累并不意味着内容的升华，知识内容的串联、知识结构的建立、创造性思维的生成都是这个过程的主要内容。值得注意的是，这一阶段的关键是要有新的内容，这种新的内容可以是读者通过不同的方式来表现的，也可以是新思维。

总之，在整个阅读服务过程中，阅读内容升华是最有意义也是最困难的一个环节，它既要求图书馆提供日常的资讯服务，又要重视对读者的信息素质进行长期的积累服务，同时，读者的各项内容升华能力的完善也应该逐渐成为图书馆拓展的业务范围。

二、新媒体在阅读内容升华环节中的应用需求分析

阅读内容的升华是图书馆阅读服务的核心。然而，作为信息组织机构，图书馆应该具有完整的信息运行功能，包括信息需求分析、信息推送和新知识生成环节，其本质是阅读内容的升华。

新知识、新观点的出现，对每位读者（特别是科研工作者）乃至整个国家而言，都具有重大意义，能够为读者开辟新的视角，激发他们的创新能力，因而应该得到图书馆的高度关注。新媒体在这一环节的运用，将使读者的阅读活动更深入、广泛，从而使读者的阅读内容得到升华。

要想实现阅读内容的升华，必须在阅读内容分析、知识储备、思维能力与创新能力三方面同时进行。

在阅读内容分析阶段，单纯依靠读者自己的方式思考，往往是枯燥乏味的，而且个体的思考能力也是有限的，对阅读内容的归纳和分析程度还不够高，观点也不完整，给读者带来了极大的制约。

图书馆应该为读者提供一个可以就特定话题进行讨论的空间。科学研究显示，在争论的时候，讨论者的大脑会更快地思考，更有可能提出新的想法。这些服务只需要图书馆提供一个开放的、有不同主题的区域的平台就可以了。在此背景下，新媒体传播平台为广大用户所接受，并不断完善。

　　知识的积累主要集中在读者的阅读能力、阅读数量、文化程度等主观因素上，这与图书馆的长期服务息息相关。在信息时代，读者在一定程度上来说无法全面、准确地收集到海量的资源，而新媒体的运用，可以使图书馆将所有的信息都收集起来，并将其传递给使用者，让使用者可以随时将自己所知道的内容进行上传，从而达到共享的目的。

　　读者的思维能力、创新能力等在读者的阅读能力中起着关键作用，因此，图书馆应该尽可能地帮助读者进行各种知识能力的培养。当然，在这一过程中，新媒体平台中的各种交流方式对读者的创新能力来说有很大的助益。

第四章 新媒体环境下图书馆立体阅读服务模式

立体阅读是近几年在我国兴起的一种新型图书馆阅读服务模式，它为读者带来了全方位立体式的阅读体验。本章分为立体阅读概述、立体阅读服务的构成要素、新媒体环境下图书馆立体阅读服务模式的构建三部分。主要包括立体阅读的相关概念、立体阅读服务的服务理念、图书馆立体服务模式的构建目标等内容。

第一节 立体阅读概述

一、立体阅读的相关概念

（一）立体阅读

近年来，立体阅读的内涵变得越来越丰富，引起了人们的高度重视。立体阅读是一种新型的阅读方式，具体是指多角度、多方面和多层次地对图书进行阅读，这种阅读方式能够更好地实现读者的创造性阅读，促进读者阅读思维的立体化和多维化，不仅能够使读者通过阅读获取相关的知识，而且对读者的思维发展非常有利，能够改变读者的思维方式。立体阅读的概念虽然在不断延伸，但是立体阅读的核心关键词一直是整合载体资源。

（二）经典阅读

经典阅读在数字媒体的冲击下陷入了困境，经典阅读提供的是以纸质载体为主的图书阅读，而在数字媒体的背景下，读者也从传统的"读纸"慢慢转变为"读屏"，阅读也从"深阅读"转变为了"浅阅读"，日常阅读也向"多中心"和"离散化"的方向转变。

经典阅读能够让读者更好地领会阅读的内在要求，经典阅读是陶冶性阅读、对话性阅读、体验性阅读和构建性阅读，因此，图书馆应该结合当前的时代背景选择更合适的阅读推广模式，引导读者多进行经典阅读，使读者通过经典阅读获取更多的养分，避免离散化的浅阅读。但是，经典阅读的模式比较陈旧和僵化，这也是经典阅读越来越不被当代年轻人青睐的原因，这种陈旧的模式让经典阅读变得程序化、表面化和形式化，很难激发读者的阅读兴趣、调动读者的阅读激情。

在这种情况下，就要求公共图书馆充分利用各种新媒体来建立立体化的阅读推广模式，引导读者进行优质阅读。立体阅读重视读者的阅读体验，并且涉及的传播载体非常丰富和多样化，与经典阅读的内生要求相适应，因此，图书馆应该对原来单一的经典阅读方式进行变革，凸显传统载体和新兴载体的优势和特点来为读者提供更加开放的经典阅读，打破经典阅读陈旧、僵化的模式，通过不同载体之间的有效互动和整合来为读者提供交叉融合的阅读模式。

（三）互动体验书籍

1. 互动体验书籍的定义

"互动"的本意指的是彼此联系、相互作用的过程。在艺术设计领域，"互动"的应用针对那些单向和线性的传播与感知而言，突出强调作用与反馈。要追溯"互动体验"一词的来源，就要从"交互设计"说起。20世纪80年代，英国设计师比尔·莫格里吉在1984年的设计会议上提出了"交互设计"这个概念。"交互设计"也叫"互动设计"，其本质意义是研究人与产品之间的关系，聚焦于人的行为和体验。随着交互设计理论的发展，交互设计的研究对象已经不再局限于电子数字产品，美国科学家艾伦·库珀提出交互设计是对人工制品、环境和系统的行为以及传递该行为的外形元素的设计。

有学者将交互设计定义为将产品（实体产品、体验、活动或服务）作为中介来影响人与他人的关系。交互设计的研究范围目前已覆盖多门学科，包括人机工程学、认知心理学、计算机科学、视觉传达设计、媒体设计等，将面对面互动的形式发展为不受时间和空间限制的形式，其中以电子设备为媒介的间接互动为代表。

"互动"逐渐成为连接不同设计专业的纽带，互动体验设计受到越来越多书籍设计师的关注，设计师不仅要研究读者的身体感知与参与程度，还要考虑读者阅读书籍的主观反馈，这是一个多维、繁复的过程，"互动"是丰富多元的双向交流。

最早将"互动"与"体验"结合起来并运用于书籍设计中的是著名设计师吕敬人先生，他在《书艺问道》一书中指出书籍的设计不仅要创造书的形态，也要通过设计让读者在阅读的过程中产生沟通和互动。这进一步区别了互动体验书籍与普通书籍，真实的感受、直接的参与会使读者的阅读过程充满乐趣，并使其产生深刻印象。

2. 互动体验书籍的发展现状

实体书籍与电子书籍都可以划入互动体验书籍的范畴，从根本上讲，这两种不同的阅读形式本就不是对立的关系，而应该是兼容并蓄、互相依存的。随着书籍设计手段的丰富和阅读方式的多样，使越来越多的书籍设计师将两种阅读形式结合起来，采用线上线下的综合方式进行书籍设计。例如，由故宫出版的《谜宫·如意琳琅图籍》一书，将历史文化知识的传播通过游戏的手段表现出来，随书配有App进行知识的辅助传播和游戏过程的介绍说明。还有《忒修斯之船》的书籍设计，作者通过纷繁复杂的线索设置，指引读者将线索一一对应，找出事件的真相。读者在阅读故事的过程中亲身参与破案解密的过程，在一定程度上来说，能够使读者得到认知和感知的双重享受。

儿童互动体验书籍的发展也很丰富，《中国神话故事互动立体书》（江苏凤凰文艺出版社2019年版）通过立体书籍的表达形式向儿童读者展示了哪吒闹海、大闹天宫、沉香救母、盘古开天地四个神话故事的情节，将翻、转、抽、拉、开、拨等手部动作加入阅读过程，增强了儿童对书籍内容的理解和阅读体验。例如，书籍中通过"抽拉"的书籍装置让儿童感受到沉香学艺的刻苦与艰辛；让孩子将自己带入孙悟空的角色去"转开"太上老君的宝瓶，将仙丹收入瓶中。《你好呀！故宫》（故宫出版社、人民邮电出版社2020年版）通过实体书籍、视频和音频结合的设计方式，围绕故宫内建筑和服饰两大主题介绍故宫文化，用音频和视频带领儿童进行阅读，实体书籍中则提供了各种创作材料，让儿童通过手工实践完成艺术创作，最终将二维平面组装成三维立体的造型。这样的书籍形式让孩子在了解故宫文化的同时提高了感官的观察力和感受性，通过手部的操作更具体地了解故宫的文化。互动体验书籍从一个新的设计角度看待书籍设计，设计师的设计重点也聚焦到了读者与书籍的互动上，局限于平面的"看"书已经不能满足读者的阅读需求，书籍设计已经开始向强感知、高度互动和游戏趣味性的方向发展，探索利用新型材料、技术和工艺丰富书籍的可读性和趣味性。

3. 互动体验书籍的分类

互动体验书籍大致可分为三类：实体（纸质）书籍、电子书籍以及两者结合的复合型书籍。

实体书籍的互动体验设计突出体现在装帧手段上，例如，材质的触感、颜色的搭配以及装订方式等切实与人发生互动的部分，其作用就是利用读者对实体书籍的感知优势，增加读者与书籍的互动，增强读者的阅读体验。

电子书籍与读者的互动主要体现在读者的手部操作以及界面的颜色与文字排列上，因为电子设备的物理特征，所以它并不能像纸张一样传递温度和情感，因此电子书籍的优势就要在实效性和便捷性上体现。电子书籍可以通过简单的操作和明晰的界面来引导读者与书籍产生互动，进而增强读者的阅读体验。

将实体书籍的媒介感知优势与电子书籍的便捷快速优势结合起来，是近年来的设计趋势，人们对书籍的要求早已不是之前的信息摄取这样的单一要求，现代读者要的是具有多重功能的综合书籍设计，要求与书籍产生互动，有良好的阅读体验。

二、立体阅读服务模式典型案例——同济大学图书馆立体阅读系列活动

（一）活动背景

同济大学图书馆从 2009 年至今，一直致力于"立体阅读"推广活动的创新与品牌建设，组织策划了多场以中华优秀传统文化为主题的阅读推广活动，旨在让广大师生重拾中华优秀传统文化的精髓，提高对传统文化的阅读热情，弘扬中华民族精神，树立正确的人生观、价值观与文化观。

自 2008 年起，同济大学图书馆就开始组织筹备"立体阅读"推广方案，到如今已形成了一套完备成熟的执行策略，先后举办了"粉墨中国""经典上海""中华记忆"等传统文化立体阅读推广系列活动。

经过几年的探索与努力，如今同济大学图书馆传统文化立体阅读推广从理论构建到实践运行已经形成了固定的模式，活动成效显著，在阅读推广界引起了较高的关注与赞誉。

（二）活动内容

以同济大学图书馆"中华记忆"传统文化立体阅读系列活动为例，涵盖了视觉、听觉、赏析、互动四大方面的内容。

1. 视觉方面

同济大学图书馆联合多方组织了中国历史建筑保护摄影图片展、馆藏古籍和中华传统书画精品展览等多主题优秀传统文化展览，还精选了十部"中华记忆"系列影视纪录片进行展映，多层次地丰富了师生对传统文化的视觉体验。

2. 听觉方面

图书馆邀请多个领域的专家，开展了"中华记忆"名家系列讲座，包括上海戏剧学院国家一级编剧张健莹主讲的"解读汉画像砖"、著名画家胡炜主讲的"唐宋绘画中的文人审美意识"等主题讲座，让师生从不同角度认识与学习传统文化。

3. 赏析方面

图书馆联合音乐学院与校社团，与学生共同策划举办了"古今回响"风雅颂古乐演奏会。在阅读方面，图书馆精选了十个类别共一百册中华优秀传统文化图书，将书单列于图书馆官网与微信公众平台之上，供各位读者选阅，包括"中国古代哲学思想与宗教""中国古代知识分子与民间文化传统"等类别，极大地拓宽了师生对传统文化图书阅读的可选择范围。

4. 互动方面

图书馆联合万方数据开展了万方杯"中华记忆"网上有奖知识竞赛活动，比赛内容选自本次活动涉及的内容，对成绩优秀者颁发证书与奖品。同时，图书馆向广大师生进行有奖意见征集，师生可通过图书馆官网进行留言，对本次活动形式、图书馆服务等提出建议，并会获得小礼物。

（三）活动亮点

1. 相互合作，资源共享

同济大学图书馆开展"中华记忆"传统文化立体阅读系列活动，与上海市图书馆、上海博物馆、上海美术学院等多家机构共同策划，资源共享，同时与当地文化公司、数据公司等文化产业部门进行合作，充分发挥了资源共享、信息协作以及馆际合作的优势。传统文化阅读推广是一项系统且复杂的工作，不同机构具备不同的资源优势，同济大学图书馆充分利用了各方优势，结合各类资源，统一规划且具体分工，提高了资源的有效利用率，形成了传统文化阅读推广的合力，使得传统文化阅读推广系列活动更生动、更具体且更具影响力。

2.合理的组织机制

为实现"立体阅读"推广工作在本校的持续开展，同济大学图书馆特设了一种"矩阵型"组织机制，即平日由图书馆 1 位负责人带领 2～3 人组成阅读推广工作小组，系统地规划阅读推广系列工作以及策划阅读推广活动主题与内容。确定活动项目后，抽调图书馆其他部门的人员组成临时小组，具体分工，相互协作，共同实施与策划活动。在"中华记忆"传统文化立体阅读系列活动中，图书馆组建了临时工作小组分别负责布置展览、海报与网站专栏设计、优秀影视片选放、书目推荐等工作。待活动成功落下帷幕，选调上来的工作人员便回到各自原来的岗位上。

由此可见，同济大学图书馆"矩阵型"组织机制，不仅减少了专门从事阅读推广工作的人员数量，节约了人力，而且有利于各个部门馆员发挥其所长，最大化地集合了人才资源。同时，促进了馆员之间相互合作、互协互助，提升了全体馆员的工作积极性与对阅读推广工作的热情。

第二节 立体阅读服务的构成要素

一、立体阅读服务的服务理念

（一）以人为本

"以读者为本、以服务为本"是图书馆工作的基本方针。由信息资源技术设备、服务平台、用户等构成的有机的动态系统的图书馆信息服务系统，是以人为核心的。因此，图书馆在建设立体阅读服务的过程中，要坚持"以人为本"的理念，以"以人为本"的服务理念贯穿整个服务始终，实现读者以最节省的成本、最快的速度获取最优质的服务。

不论图书馆的信息服务模式和服务载体如何变化，满足广大读者的文献资源需求、提高文献资源揭示效度、着力构建完整的智慧服务体系都是图书馆服务不变的宗旨。以上海市高校图书馆为例，新公共管理理论倡导的以顾客驱动为导向的理念，为上海高校图书馆微信公众号的建设提供了有益启示。具体而言，就是上海市高校图书馆微信公众号要把满足师生员工学习、教学、科研的切实需要作为工作的出发点和立足点，为此要尽心尽力，不断改革。

此外，为提升使用者的归属感，可考虑将图书馆咨询服务与其他服务功能聚合为一体，推送图书馆小知识、信息查询小窍门、文献计量分析小技巧、天气提示、失物招领等服务，做到信息化、生活化、学术化三者并举，并依据使用者需求和社会热点不断推陈出新。

（二）主动服务与平等获取

新环境下读者利用文献信息的特点决定了，图书馆应突破传统观念的服务方式和服务阵地，汲取新环境下图书馆服务的全新理念，主动将服务延伸到读者的工作、学习、生活的方方面面，即时获取读者信息需求动向，及时、主动、全方位地提供服务。

图书馆应推动和保障注重平等获取信息等权利，并视之为保障公民个人独立的关键。

二、立体阅读服务的人才保障

图书馆管理人员是图书馆创新产品与服务的重要终端，可以给读者带来更为丰富多样的服务，而且馆内的管理人员具备的专业知识能力、职业素质和专业知识储备等，对图书馆的发展水平也会产生一定影响。立体阅读服务其实就是基于图书馆拥有的网络资源，并利用现代智能信息技术向读者提供优质服务过程，在进行相应服务时，会将智慧图书馆的图书馆管理人员的智慧有效集中，因此，不能小觑图书馆管理人员的能力在整个图书馆服务机制中发挥的作用。图书馆在开展招聘工作时，不但必须对应聘人员是否具备相应专业背景和管理工作经历加以考核，而且必须培养其作为图书管理者的创新型智慧服务意识和自主服务意识，树立合理的图书管理者培养目标，建立图书管理者专业服务素质评估体系。

图书馆管理人员是知识载体和信息服务的最终实现者，是图书馆最基本、最活跃、最关键的因素。新媒体环境下的图书馆管理人员是"文献的管理者""知识导航员""信息开发者"。总而言之，具备丰富知识和综合才能的复合型人才将成为图书馆专业人员队伍的主流。

（一）基础知识

图书馆管理人员应具备的基础知识包括图书信息专业知识、计算机知识和网络技术、外语知识、语言学知识，以及与图书馆信息资源的开发、利用、管理密切相关的基础科学知识。

图书馆工作具有较强的科学性和系统性，这就要求图书馆管理人员具备扎实的图书馆学、情报学等专业知识，并掌握采编、流通、参考咨询等方面的实际业务操作技能。当然，在适应立体图书馆服务运行的过程中，图书馆管理人员还应具备良好的信息素养，能够对海量的信息资源进行有效地筛选和系统地评估，能够为读者提炼出有价值的信息，以保证读者在最短的时间内获取优质可靠的信息资源。

实际上，根据数字图书馆的特点，信息素养的重要性逐渐提升。例如，有的图书馆对图书馆管理人员提出了"负责数字化数据库资源的建设及日常维护工作，做好数字化图书资源、网络资源的建设工作""协助馆领导制定图书馆的自动化、网络化建设与发展规划，提出数字图书馆建设的建议"等要求，这样的岗位要求显然已经突破了图书管理的范围，是从更加宏观的层面提出的要求。基于此，图书馆在管理人员的转型与发展中应明确信息素养要求，不断提升其专业水平。

（二）基本素养

图书馆管理人员是图书馆阅读文化建设的主体，其素质将直接影响到图书馆的阅读文化建设水平。因此，提高图书馆管理人员的素质成为当下图书馆阅读文化建设的关键。

图书馆管理人员需要具备较高的文化水平，不仅要有广泛的阅读兴趣，对图书馆馆藏了如指掌，还要掌握专业的图书管理工具，同时最好具备一定的信息服务能力，能够熟练使用图书信息管理平台。图书馆管理人员作为各类文献资料的直接接触者，需要通过对文献资料进行加工的方式实现图书资源与读者之间的互动。图书馆管理人员还需要具备良好的服务精神，把握不同读者的阅读特征，为广大读者提供更加优质的服务。读者也需要及时对图书馆管理人员的服务内容做出反馈，以促进其进一步完善服务内容，提高服务质量。图书馆管理人员作为读者参与阅读活动的引导者，承担着引领阅读潮流的重任。因此，图书馆管理人员需要深入了解读者的阅读兴趣，探究读者的阅读心理，根据读者个性化的阅读取向将其引导到多元化阅读活动中。这对现阶段的图书馆管理人员来说是一个巨大的挑战，因此，图书馆需要定期组织管理人员参与培训，转变管理人员的图书管理观念，使其不断学习各种图书管理知识，增强服务意识，从而促进图书馆阅读文化建设。

（三）服务能力

服务能力主要包括指导读者正确使用检索语言，掌握检索方法，传授其检索技巧，培养读者查全、查准的自我检查等知识；综合运用专门知识，综合分析各类专业数据库，判断信息质量和使用价值；掌握信息检索、业务自动化管理和数据库设计等新技术的运用；具有整理和处理文献的能力，如调查研究、数据积累、信息收集、信息存储和输出、信息开发等。

当前对于图书馆管理人员的服务能力存在着两种不同的研究角度。

一是从图书馆组织的角度出发，着重对图书馆管理人员的专业能力进行研究，把服务能力看成图书馆工作能力的一部分。

二是从读者的角度出发对图书馆服务品质进行研究，这些研究大多是以图书馆服务品质为指标，但很少有独立的研究。

接下来笔者从读者的角度出发，对图书馆管理人员的服务能力进行深入的探讨。当前，国内外学者对图书馆管理人员服务能力的含义还没有一个明确的界定。有学者对图书馆管理人员的职业能力进行了理论与实践的研究，对图书馆管理人员职业能力的概念和内涵有了一个大致的了解，认为图书馆管理人员的职业能力就是能够在工作岗位需求的基础上，完成自己的职业职责，具备完成自己的职业任务所需要的知识、技能和才能。图书馆管理人员在从事服务工作时，不但要有完成工作的能力，还要有建立合作的能力，从而为读者提供满意的服务。随着图书馆"以人为本"服务观念的不断深入，图书馆管理人员的服务能力实际上已被人们所关注，但是人们更多地把它当作服务品质的一个重要方面。当前，图书馆服务质量的理论框架是 Lib QUAL+，该框架分为信息控制、图书馆环境和服务效果三个维度，其中与图书馆管理人员相关的是服务效果，也就是服务品质的"人本"，它主要围绕读者和图书馆管理人员的互动、图书馆管理人员对读者的帮助、图书馆管理人员的专业能力三个方面展开问项的描述。国内对图书馆服务品质的研究，以江苏大学教授施国洪、清华大学图书馆采编主任吴冬曼为代表。施国洪在 SERVQUAL 模型的指导下，建立了一套符合我国国情的图书馆服务质量量表，它反映了读者对图书馆服务质量的认识。吴冬曼以 Lib QUAL+ 模型为依据，建立了本地图书馆服务品质评估量表，并在 Lib QUAL+ 模型下的服务效果维度上，提出了图书馆管理人员和服务的维度，包括图书馆管理人员的业务素质及服务态度。

总而言之，尽管图书馆的服务品质研究已经相当成熟，但是，作为服务品质的一个重要因素；图书馆的服务能力，一直未被作为一个独立的主题进行深入的探讨。在读者与图书馆之间的关系中，图书馆管理人员的服务能力要高于专业能力，图书馆管理人员的服务能力则是指对专业知识和专业技术的掌握，而这些能力是读者无法感知和评估的，如领导能力、学习能力等。但是，在目前的研究中，对这两类能力的划分并不严谨，而且往往将服务能力纳入专业能力，没有对其予以足够的关注。《社会科学大词典》将能力分为广义和狭义两种含义，广义上是指"从事某种活动的体力或技能，包括特定的行为方式和心理特点"；狭义上是"一个人成功地完成某项任务所必需的精神品质，是一个人的主要特点"。图书馆的服务能力不是知识，也不是技术，而是观念、态度、知识、技术等，是能够最大限度地满足读者的需要。能力是一种作用在客观世界中的力量，是一种可以观察和比较的多维矢量。

综上所述，图书馆服务能力是图书馆管理人员在服务过程中，根据读者的需要和问题，将知识、技能、态度、仪态等综合起来，并在图书馆服务实践中实现的某种服务，从而为读者所感知。图书馆需设置合理的人力资源配置方案，建立灵活的调配机制，使图书馆管理人员之间能够充分协调、互为补充，发挥其强大的信息服务能力。

（四）职业道德

良好的职业道德是图书馆对管理人员提出的基本要求。图书馆是收集、整理、收藏图书资料以供人们阅览、参考的机构，其在公共服务过程中发挥着文献保护、信息资源开发等职能，而这些职能的实现离不开具有良好职业道德的图书馆管理人员。良好的职业道德包括强烈的使命感和责任心，爱岗敬业、乐于奉献的精神，恪尽职守、团结协作、服务周到、耐心细致的态度等。

在新时代背景下，国家出台的相关意见为图书馆服务国家文化数字化战略提供了政策遵循和行动指向。基于此，图书馆管理人员应进一步打开格局、提升职业道德，并在守正创新中勇担时代责任和使命，坚守文化传承初心，将自己的工作融入数字图书馆建设事业以及文化强国战略，以自身的素养推动数字图书馆的高质量发展。

（五）业务水平

图书馆管理人员是实际管理服务的直接执行者，因此，要想提升图书馆的工作效率，相关管理人员的业务水平提升是必不可少的。图书馆管理人员要不断提升自身的专业能力与素养，接受相关专业培训，学习相应的专业知识以及智能化图书系统的操作技巧。图书馆管理人员要在日常工作过程中，逐步总结自身的工作方法与经验，找出日常工作管理的新模式，从而提升日常图书馆借阅服务的效率。

除此之外，图书馆管理人员的个人素质也是图书馆工作效率的重要决定因素，因此，图书馆管理人员也要在不断的学习与实践过程中提升自我，做到爱岗敬业，认真对待工作中的每个环节，对每位前来借阅的读者认真负责。相关管理人员要不断健全馆内的人员管理制度，依据专业化的图书管理标准进行科学管理，对馆内人员建立相关的考察制度，并且及时根据考察情况，对一些在日常工作中表现不佳的人员进行专门培训，以此来提升图书馆整体的服务质量，为广大人民群众提供高质量的图书借阅服务。

三、立体阅读服务的技术支撑

当前高速发展的科学技术是建设智慧图书馆并提供智慧服务的关键。当前社会人们对知识的需求变得更高、更精细、更多元化，这就促使图书馆必须加快改革的进程、发展的步伐以适应时代发展的需要，而智能技术正是促进图书馆转型升级的重要动力之一。

智能技术是支撑智慧图书馆生态系统运行的关键要素，智能化是智慧图书馆建设的基础和前提，这不仅可以为读者提供多样化服务，还可以简化图书馆管理人员的基础业务流程。根据智慧校园总体架构，智慧校园建设内容主要包括基础设施层、支撑平台层、应用层、应用终端层和技术规范及安全保障体系，每一部分又由若干子功能块构成。图书馆也是同理，在智能技术和服务的基础上，每一部分和谐有序地发展，基于此，智慧图书馆才能够良好发展智慧服务。

（一）Web2.0 技术

1. Web2.0 的内涵

Web2.0（指的是利用 Web 的平台，由用户主导而生成的内容互联网产品模式，为了区别传统由网站雇员主导生成的内容而定义为第二代互联网）是互联网发展的新趋势。Web2.0 以开放为导向，以用户为中心，提供了参与、互动和分享的机制，是互联网理念和思想体系的一次升级换代。随着 Web2.0 理念与技术的普及与发展，网络的信息利用和信息组织也呈现多样化的发展态势。在 Web2.0 环境下，信息的利用者和信息的创造者经常互换位置，网络信息的生产、传递、组织和接收活动都是围绕用户进行的。由于多数用户缺乏计算机数据处理和信息检索的专业技能，他们要求信息组织方式和提供的检索方法更加简便易行。在 Web2.0 环境下，用户的双重身份使 Web2.0 环境下信息组织的对象变得更加复杂化和多样化，信息组织的结果更趋于人性化和平民化。

图书馆作为专业信息机构，是信息的组织者和加工者。随着新媒体的出现以及数字图书馆的建设与发展，如何利用先进的网络技术和理念优化图书馆数字信息组织与利用，成为国内外图书馆界研究的重点。

近年来，Web2.0被应用到图书馆业务领域，产生了图书馆2.0的概念。笔者认为，Web2.0在图书馆的应用，既是对图书馆服务理念和体系的升级换代，也是对图书馆信息组织方法与技术的变革创新。Web2.0的出现，一方面给图书馆信息组织提供了新的发展机遇，另一方面也给图书馆信息组织带来了新的挑战。

2. 基于Web2.0的数字信息组织常用技术

在Web2.0的相关技术中，其直接应用于信息组织的主要技术是简易信息聚合（RSS）、博客（Blog）、维基（Wiki）、标签（Tag）等，它们都为网络用户提供了创建、组织、发布、更新和共享信息的开放式技术平台，同时，它们在信息组织方面又呈现各自不同的特色。

（1）RSS

RSS通常被认为是"Really Simple Syndication"的简称，人们常将其译为"简易信息聚合"。RSS与HTML网页一样，是网络内容发布和组织汇集的另一种形式，也是Web2.0信息组织技术的重要应用之一。维基百科对RSS的定义是"RSS是一种用于网上新闻频道、网志和其他Web内容的数据规范，起源于网景通信公司的推送技术，将订户订阅的内容传送给他们的通信协同格式"。通俗地说，RSS是一种被用来分发和汇集网页内容和元数据的XML格式，在这种元数据中包含标题、摘要或URL。信息内容的发布者利用RSS编制RSS Feeds（频道）来提供给用户订阅，或者将其他站点上的相关内容集成到自己的RSS站点上，对信息进行分类组织，并将整序后的信息提供给用户。用户利用RSS阅读器来订阅这些RSS Feeds，从而实现将自己感兴趣的来自多个信息提供方的内容聚合到RSS阅读器中进行阅读。

RSS相关的技术和软件包括RSS Feeds、OPML（Outline Processor Markup Language）和RSS阅读器。RSS Feeds是一段规范的XML格式的数据，是对多个信息源描述的元数据文件。RSS Feeds为站点内容提供一个提要，提要包括能链接到源内容的入口项，提要信息可以直接被其他站点调用，也可以在其他终端和服务中使用。OPML也是一种XML规范的文件格式，主要用于描述一份资料的结构，资料可以是各种数据、计划、网页目录以及各种文档目录。在RSS中，可以将其用来交换RSS Feeds，用户可以通过使用OPML将大量RSS Feeds导入RSS阅读器，还可以利用OPML来进行RSS Feeds的备份与共享。RSS阅读器是一种可以自由读取RSS和Atom两种规范格式文档的软件或程序，主要分为在线的RSS阅读器和离线的RSS阅读器，此外还有手机RSS阅读器。用户需安装一个 RSS 阅读器，然后找到 RSS Feeds，复制 Feeds 链接便生成一个频道，一个频道对应一个 RSS 源，点击频道名即可查阅该 RSS 源的更新信息。

RSS 在信息组织中的主要用途是利用其信息聚合和推送功能实现用户对博客、新闻、天气预报、论坛帖子等更新频繁信息的订阅。正是由于 RSS 技术具有"聚合"和"推送"两大特性，图书馆可以利用 RSS 将新闻公告、通知、新书通报、馆藏资源更新、用户服务、最新期刊目次服务、学科专题信息、用户信息、参考咨询信息等信息作为动态信息频道分门别类地组织起来推送给用户，做好信息过滤者、信息检索导航员和信息分类组织的提供者这三重角色，起到信息看门人的作用，更好地服务用户，满足其信息需求传输定向化、内容个性化的要求。

（2）Blog

Blog 又称为网络日志，指个人或群体在网络上按时间顺序发表，并定期或不定期更新的网站形式。利用 Blog 这种新型的网络信息传播和组织工具，用户可以发表自己的文章，也可以对别人 Blog 中的文章发表评论，实现人与人之间更紧密的交流、各种信息更丰富的共享。用户利用 Blog 软件或是各种 Blog 平台来发布网志，通常使用的 Blog 软件或 Blog 平台都会提供基本的编辑格式和模板，提供包括发布、分类、留言、评论、引用、链接、站内搜索等基本功能，绝大部分 Blog 支持 RSS 订阅，还有一些 Blog 支持 Tag 多种语言脚本以及群组聚合等功能。Blog 中的博文可以依据用户的喜好自行按内容或格式分类，Blog 软件或平台也会提供按时间分类及检索的功能。正是由于 Blog 具有的这些强大易用的功能，使得 Blog 具有"零技术、零成本、零编辑、零形式"的特点。

图书馆对 Blog 的利用，主要体现在两个方面：一是图书馆作为 Blog 提供商，免费为用户提供 Blog 服务，将不同身份的用户、不同内容主题的 Blog 信息组织成 Blog 群，以此构建网上社区。二是图书馆或图书馆管理人员作为 Blog 写作者，开设 Blog，组织和发布各类信息，及时传递给用户，并接收来自用户的评论与反馈，实现信息的交互。

利用 Blog，图书馆可以发布新闻快递、服务指南、阅读指导、新书通报、学科信息、参考咨询、馆内馆员间业务交流、馆务政务公开等信息，使图书馆信息组织的方法得到更广泛的应用，信息处理时效性更强，并与用户进行更多的交流互动。

（3）Wiki

Wiki 是指一种多人在网上协同创作的知识共享和知识组织模式，是一种多人协作式写作的超文本系统，也是一个简单有效的知识分享系统。Wiki 使信息组织提升到知识组织阶段，是一种具有高度共享性、动态性和灵活性的信息组织方式。

Wiki 技术的发明者沃德·坎宁安在《维基：互联网上的快速协作方式》一书中阐述了 Wiki 技术的本质：Wiki 不分差别地邀请所有人（不仅仅是专家）通过 Web 浏览器在 Wiki 网站中新建或修改页面，且邀请所有网站访问者和编辑者持续参与网站的建设。

Wiki 网站允许所有用户通过浏览器编辑、修改、删除网站内容，并跟踪保存所有修改过程，且可以还原到适当的版本，通过这种开放、协同的写作过程达到信息共享和知识交流的目的。大量的 Wiki 网站集合成丰富便捷的在线百科全书，为用户提供易用的参考资源。Wiki 具有开放协作的特点，所有人都有机会编辑、充实同一主题，将个人的隐形知识显性化、组织化，为零散无序的网络资源提供一个集合有序的组织平台，使协同写作成为可能。Wiki 是一种易于使用的工具，它可以方便地编辑网页，而不需要用户掌握复杂的 HTML 标记语言，它可以通过一个版本的编辑界面来创建美观的网页。因为 Wiki 是开放的、协作的，所以不可避免地会出现一些错误的消息，为了确保信息的准确性和组织的安全性，应对每一页修改前后的记录进行维护。

图书馆可以利用这一多人共享的信息知识生产、发布、交流和组织平台建立自己的 Wiki 网站，网站允许馆内各部门参与维护、更新及组织信息。图书馆可以建立参考咨询 Wiki，允许馆员和用户协同参与，组织相关的信息，建设特定主题的知识库。图书馆可以利用 Wiki 邀请图书馆馆员、教职员工和学生共同参与馆藏建设，对图书馆的各类资源提出评论与建议。图书馆可以将 Wiki 的协同写作功能添加到 OPAC 中，允许用户对书目添加注释、书评或图书目次，完善编目信息。图书馆还可以利用 Wiki 建立馆员的内部学习交流信息平台，或者建立以学科为主题的专业信息平台等。

（4）Tag

Tag 是指人们在互联网上随意用来定义相关信息的标记。Tag 类似于主题词法中的关键词，但使用更加自由。它可以是不存在于词表中的词语，可以是信息的片段内容，可以是用户的主观感受，甚至可以是传统意义上无意义的词语。Tag 是用户自行定义的用以描述信息、表达感受的词语，它可以更好地组织个性化信息。

Tag 组织，就是由网络信息的提供者或用户自发为某类信息赋予一定数量的标签的，并采用包括数理统计方法在内的各种算法和机制，以实现对网络资料的自由分类、自动分类或自动聚类的一种网络信息分类方法。基于 Tag 的信息组织具有自由性、交叉性、协同性等特征。用户可以利用 Tag 来控制信息组织方式，定义自己的信息特征，依据自己的规则组织信息，打破了传统信息组织中用户受控于信息组织方式的局面。图书馆信息导航需要以上这些特性来实现信息导航服务中的个性化、交互性，便于操作。Tag 的使用是灵活的，但它不是一种独立的 Web2.0 信息组织工具，它一般依附于其他的网站，为人们提供新的信息组织方式。

Tag 具有随意性、时效性、平面性、分散性、趋同性和社会性的特征。就信息组织而言，Tag 的随意性为用户提供了一种简单的参与信息组织的方式。时效性可以使用户通过少量 Tag 很好地聚合某一特定时间某一事件的大量相关信息，从而提高信息检索的查准率和查全率。平面性可以揭示信息的关联性，为用户检索提供更恰当的结果。分散性可以丰富信息对象的表达方式，为用户信息组织提供更高的自由度和宽容度；趋同性可以揭示用户群体的信息认知情况，反映用户的知识结构和水平，帮助信息提供者了解用户群体。社会性能够提升 Tag 的意义，将关注同一 Tag 的用户和信息连接成新型的社会网络，通过用户信息组织活动揭示信息的关联和性质，有助于信息服务者进行数据挖掘。

图书馆可以利用 Tag 丰富其数字馆藏资源的标识，将 Tag 与 OPAC 系统进行对接，拓宽书目标识，利用 Tag 云为用户提供新型的信息资源检索及导航方式，将 Tag 运用到其网站资源中进行信息聚合，在 Blog 或 Wiki 页面中使用 Tag 提高信息的分类和检索效率等。

（二）语义网技术

语义网的概念最早是由英国计算机科学家蒂姆·伯纳斯·李在 1998 年提出的，两年后，他又对语义网进行了更深层次的阐述，提出了语义网的体系结构（见图 4-1），并且指出语义网是对已有的网络进行扩展，它通过将计算机可以识别和理解的语言添加到网络信息之中，来实现人与计算机的无障碍交流与互动。

事实上，语义网的核心就是通过给网络上的文档数据赋予可以被计算机读取和识别的元数据，并进行描述，使得整个互联网变成一个广泛的信息交流媒介。语义网的实现所需的技术主要体现在这 7 层体系结构中，有学者以此为基础，将语义网技术分为 3 类：第一类为体现在语义网体系结构的第 1、第 2 层的当前万维网中使用的超文本 Web 技术；第二类为体现在语义网体系结构的第 3、第 4 层的标准化语义网技术；第三类为体现在语义网体系结构的第 5、第 6、第 7 层的尚未实现的语义网技术。

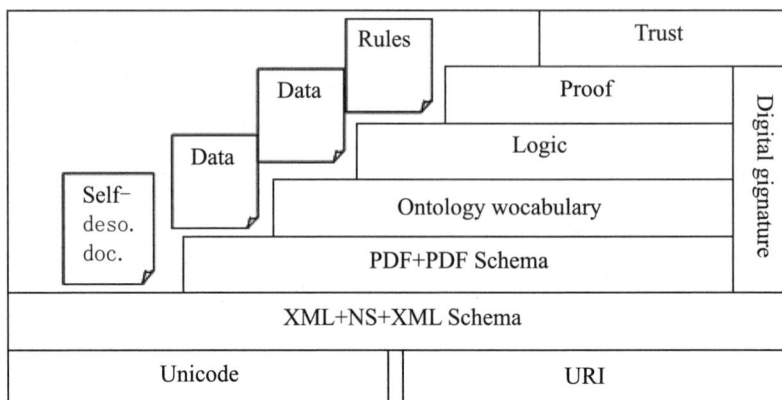

图 4-1　语义网的体系结构

接下来，我们主要探讨语义网的核心技术和其他能实现于图书馆领域的技术：资源描述框架（Resource Description Framework，RDF）。这是一个对万维网上的资源进行语义化和形式化描述的框架，是语义网技术体系的基石。RDF 定义了一个简单的数据模型，采用"主（Subject）—谓（Predicate）—宾（Object）"三元组的结构来描述万维网上的资源。

资源描述框架模式（Resource Description Framework Schema，RDFS）。RDF 通过类、属性和属性值来描述资源，但是 RDF 本身并不能定义这些描述词汇，因此 RDF 还需要一种定义应用程序专用的类和属性的方法。RDFS 就是在 RDF 的基础上制定的 RDF 词汇描述语言。

本体描述语言（Ontology Wed Language，OWL）。语义网的核心是本体，它提供了构建语义网的描述词汇和语义基础。本体语言是一种形式化语言，主要用于编制本体，它允许对一定范围内的信息进行编码，并且通常包含对信息进行处理的规则。

目前，本体的编辑已经得到了许多可视化软件平台的支持，如商业软件 Onto Studio、开源软件 Protege、开放软件 Onto lingua 和 Web Onto 等。

RDF 查询语言（Simple Protocol and RDF Query Language，SPARQL）。在语义网上出现大量 RDF 数据后，需要一种机制能够从 RDF 数据中查询特定内容。W3C 推出了 SPARQL 协议与 RDF 查询语言用于实现对 RDF 数据的查询。SPARQL 主要包含 SPARQL 查询语言和 SPARQL 协议。前者定义了面向 RDF 数据模型的查询语言句法和语义，后者则采用 Web 服务描述语言 2.0 定义了将 SPARQL 查询传输到 SPARQL 查询处理服务，并向查询实体返回查询结果的方法。虽然语义网为信息提供了可以使计算机理解的语义内容，但这种语义在表达能力上仍存在很大不足，这些不足可通过规则来弥补。现有的规则系统可分为一阶逻辑（First-order）、逻辑程序（Logical Programming）和行为规则（Action Rules）。这些系统各自具有不同的特征，在句法和语义上有很大差异，甚至同一类系统也存在很大差异，因此集成和互操作非常麻烦。基于规则交换的目的，W3C 发布了在规则系统（尤其是 Web 规则引擎）中进行规则交换的标准规范，即规则交换格式（Rule Interchange Format，RIF）。

RIF 提供了一种中间格式，这种格式可以表达多种不同规则下的语言，借助 RIF 可以对这些语言进行相互转换，使不同的信息系统之间能充分共享不同的规则，并尽可能保持不同规则的语义。

其他相关技术。包括简单知识组织系统 SKOS 和丰富网页摘要（Rich Snippets）标记格式。SKOS 是在语义网框架下对知识组织系统进行语义化描述的一个模型，旨在采用机器可读可理解的 RDF 语言表示知识组织系统，使之适应网络环境下信息资源组织的需要。丰富网页摘要指的是在每条检索结果（网页链接）的下面增加显示几行文字，让用户粗略了解这些网页的内容，以便判断它们是否与自己的检索需求相关。

目前，谷歌（Google）、雅虎（Yahoo）、必应（Bing）以及俄罗斯的搜索引擎 Yandex 均支持网站自行添加详细的摘要信息，中文搜索引擎百度（Baidu）也正在和各大型网站开展合作，通过其开发平台在检索结果中展示丰富的摘要信息。在搜索引擎展现检索结果的时候，丰富的网页摘要能够呈现比默认样式更加详细的展现形式，并向用户展示更多网站信息，进而提高网站的点击率。通过语义网技术，能够实现语义标注、结构化数据的 RDF 化转换、数据集成、语义推理、语义搜索、语义仓储等功能。

（三）AR 技术

1. AR 技术特征

增强现实（Augmented Reality，AR）技术是近年来伴随着虚拟现实（Virtual Reality，VR）全能翻译逐渐被人所熟知而同时进入大众视野的一个概念，实际上AR的概念早在1990年便被提出了。近年来，随着智能手机、平板电脑的大量普及，AR技术的应用发展呈现蓄势待发的态势。1997年，北卡罗来纳大学的罗纳德·阿祖玛教授曾提出AR的三大技术特征，分别是虚实融合、三维实时跟踪注册、实时互动。AR技术的本质特征就是虚拟与现实的相互交融，把虚拟事物与真实世界进行巧妙叠加融合，让用户感觉到虚拟物体就在眼前，达到焕然一新的沉浸式体验。

（1）虚实融合

虚实融合是AR技术的本质特征，也是AR虚拟阅读体验想要达到的最终目标与效果。它是一种将数字信息科技技术生成的虚拟信息与物理现实环境叠加融合在一起的全新体验。在AR体验的过程中，用户可以通过移动端AR体验识别设备，观察到虚拟信息仿佛真实地存在于现实的物理环境之中，并可以拥有虚拟物体与现实场景两者融为一体的新视觉体验。这种超现实的视觉体验技术可以与人们生产生活中的多个行业进行结合，将会使人们的生活更加有趣高效。

（2）三维实时跟踪注册

三维实时注册跟踪作为AR技术的一大特征，能够让AR虚拟阅读体验达到超乎现实状态的虚实融合效果。三维实时跟踪注册是指通过电子数码摄像头等设备进行实时定位、跟踪用户所在的三维空间，将计算机生成的虚拟信息放置在对应的三维空间中。

AR技术的应用要求对3D场景进行实时追踪，同时由于使用者的身体、行为、观察角度等因素的持续变化，其所能看到的虚拟现实世界也会发生变化。例如，AR导航就是将摄像头、地图和AR技术结合在一起，将现实中的所有地方都投影到屏幕上，并且会有语音提示、虚拟人物、方向箭头等虚拟模型，与现实中的场景重叠在一起。使用者可以使用智能手机或AR装置，通过AR语音和导航指示，快速确定自己的位置。

（3）实时互动

AR技术的实时互动特征是指体验用户可以改变以往被动地接收消息的方式，转向以用户为主导的主动性体验。用户在虚实交融的AR虚拟场景中，与虚拟图像、模型信息进行互动，并实时获得相应的虚拟数据结果。在AR体验过程中，用户可以选择观看虚实信息场景的方向、角度、距离等，还可以通过人机交互功能实现对可互动虚拟信息的语音控制。在用户使用AR设备进行虚拟体验时，三维虚拟场景信息或立体虚拟的模型相对于静止的图像信息而言，会更加让人印象深刻。

AR 图书还可让用户与虚实场景中的物体模型进行互动,增强了学习过程的趣味性。用户在与虚实场景交互的过程中,也获得了更个性化的、更主动的阅读体验。

2. AR 动态插画的虚拟阅读方式

(1)沉浸式阅读

AR 技术可以创造并构建虚拟阅读的环境,为用户提供沉浸式的阅读体验。AR 环境最大的特点就是用户在体验过程中的身临其境般的沉浸式感受。AR 技术利用虚实结合的特点,在对现实环境进行可塑性补充时,又对虚拟环境进行情感性信息传递,从而达到综合性的全面感官体验。例如,人民邮电出版社出版的《动起来吧!宇宙旅行》AR 科普儿童读物,读者可以依据书籍使用说明指导下载指定的应用程序,并通过移动端摄像头来进行 AR 阅读体验。在《动起来吧!宇宙旅行》中,读者根据纸质书籍内容的提示,扫描插图等待数秒之后,纸质书籍的上方出现虚拟模型地球的立体化剖面图、背景音乐、语音讲解等内容,能够促进读者的阅读学习体验。高清生动的插画内容与趣味性的虚拟模型体验,生动地传达了宇宙星系的知识内容,给读者带来全新的感官体验。

(2)交互式阅读

AR 技术有很强的实时交互功能,因此将 AR 技术与传统视觉式阅读相结合,在保留书籍原有内容的基础上,增添部分虚拟交互式内容能够促进阅读高效进行。在虚拟体验的阅读过程中,交互式的阅读体验是通过动态插画的互动性内容来实现的。

AR 技术的互动性优势主要体现在其丰富的交互方式上,包括触控压力、点击缩放、手势操作、语音控制等。这些都是物理现实世界中常见的阅读交流方式,所以在特定的交互过程中,会让用户感到自然和熟悉。AR 技术的实时交互功能广泛应用于纸质阅读刊物出版领域。市面上的 AR 书籍刊物种类繁多,笔者以 AR 汉字学习卡片为例,进行举例分析。在 AR 汉字学习卡片中,交互式的阅读方式得到了充分体现。儿童可以在现实场景中放置一对汉字卡片,打开手机摄像头进行 AR 识别,即可在纸质卡片上方出现虚拟汉字模型,接着移动调整两张卡片的位置,使其紧凑并组合成一个汉字。这样一来,虚拟的汉字模型将依据纸质卡片的位置,生成一个完整的汉字模型。当完整的汉字模型成功显示在虚拟环境中时,汉字模型的颜色将发生变化,慢慢由绿色变成黄色,周围还会出现彩色的烟花模型特效动画。在这个过程中,儿童可以对模型进行任意放大、缩小、旋转等互动操作,这增添了趣味性,激发了儿童的好奇心,从而提高其对汉字知识学习的兴趣。

（3）多维感官式阅读

AR 阅读与传统阅读相比，最大的不同是听觉、视觉、触觉等感官可以同时联动给人以感知，并通过虚拟影像给予读者一种"多维感官"的阅读体验。AR 可以将图像、音频、三维动画、视频等元素通过扫描识别，以三维立体化的形式呈现在用户面前。艺术家贝拉·巴拉兹认为，我们对视觉空间的真正感受，是与我们对声音的感受紧密相连的，一个完全无声的空间不会是具体、很真实的，只有当声音存在时，我们才能把这种看得见的空间作为一个真实的空间。

AR 技术在书籍出版领域应用相当广泛。目前，AR 图书最常见的呈现方式是"实体书 + 移动设备 +App"，这也标志着传统纸质书开始进入三维时代。用户可以使用支持 AR 功能的智能手机打开 AR 应用，扫描并识别纸质图书中的图片，通过 AR 显示设备便可观看虚拟信息与纸质图书融合的虚实场景。当下人们可以通过手机或平板电脑体验 AR 阅读，通过摄像头来扫描书籍中的插图或照片，然后在屏幕中将会出现与书中二维画面相对应的三维模型。例如，科学出版社开发的"爱医课"应用，是 AR 技术与传统纸质书籍的完美结合。医学专业的学生读者可以使用数码设备进行阅读学习，通过扫描教科书上的二维图片，心脏、骨骼、大脑等身体器官便在转瞬之间三维立体化，同时学生可以对其进行 360° 旋转、拖动或缩放，从而直观形象地学习专业知识，更利于对繁杂知识信息的理解和掌握。

（四）XML 技术

1. XML 技术的内涵

随着网络上数据信息格式的多元化，传统的基于 HTML 的信息检索已经不能应付用户各种复杂的信息请求。XML（Extensible Markup Language）由于具备可扩展性、简单性、开放性、互操作性等特点，在各种领域的应用中正逐步取代 HTML，特别是在数字图书检索领域的应用。近年来，基于 XML 的信息检索已成为国际信息检索领域的研究热点之一，并且已经出现许多关于 XML 信息检索的研究，如 XML 语义检索、XML 图像信息检索、XML 构件匹配技术、基于 XML 的多媒体信息检索、基于 XML 的片段检索等。

随着网络信息化时代的到来,越来越多的用户选择在网络上寻找需要的资源、结交兴趣相同的朋友、收藏自己感兴趣的信息并且进行资源共享。通过利用网络上的社会化因素来提高信息检索系统的性能，即社会化搜索，是现在各大搜索引擎公司的研究热点。社会化搜索的出现意味着全民参与搜索时代的到来，展现了搜索引擎将来的发展方向。

　　XML 是一种可扩展的标记语言，利用自我定义的方式对存储的数据进行描述，描述信息不但包括各类数据内容，还包括数据相互间的关联关系。XML 技术具有可扩展性、结构性以及平台独立性，可以描述各种结构化以及非结构化的数据，可以有效解决两个系统之间、不同应用之间、不同数据源之间的数据同步问题。XML 可以将多个程序的数据写入同一个 XML 文件并进行传输，接收文件的服务器通过解析 XML 文件获取信息，进而实现本地的编辑操作。鉴于 XML 的优良特性，将其应用在数据同步机制中，不仅满足了转换需要，而且可以起到简化异构数据的效果，降低了同步模型的复杂程度。

　　2. XML 图书元数据索引的建立

　　传统图书元数据索引一般只包含专业元数据，因此相应的检索要求用户必须具备专业知识或者接受过相应的专业培训，才能用专业化检索词来进行有效检索。当用户没有接受过专业培训，或者正好对所要检索的图书专业领域不熟悉时，就不能很好地提供相应的专业化检索词，这时，图书检索系统就不能满足用户的需求。因此，可以在建立图书元数据索引时，加入图书社会化元数据，与专业化元数据共同构成图书元数据库索引。

　　（1）XML 图书元数据索引建立流程

　　首先解析图书元数据 XML 文档，获取图书专业化元数据和社会化元数据，然后经过相应的数据处理，最后使用 Lucene 建立倒排索引，生成图书元数据索引库，如图 4-2 所示。

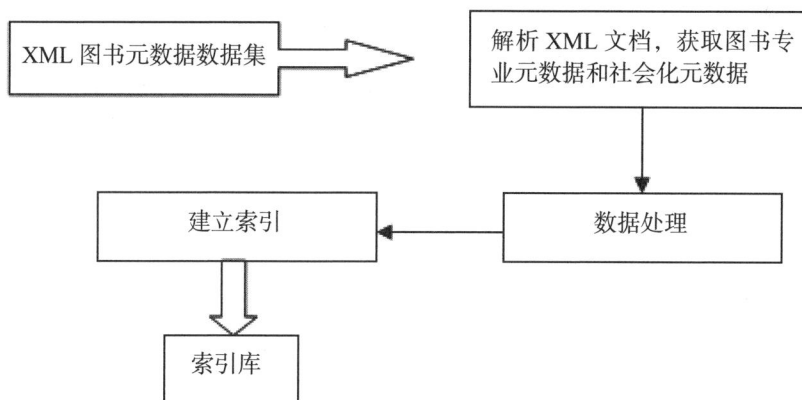

图 4-2　XML 图书元数据索引建立流程

（2）XML 图书元数据

元数据是描述其他数据的数据，其使用目的在于：识别资源，评价资源，追踪资源的变化，实现简单高效地管理大量网络化数据，实现信息资源的有效发现、查找、一体化组织和对使用资源的有效管理。专业化元数据是由编者利用专业术语来描述图书信息的元数据，如书名、作者、出版社、价格、摘要等。社会化元数据是指读者根据自己对书籍的了解，根据读者对书籍的认识，自主地选取相应的词汇，并对其进行标注。笔者采用的 XML 图书元数据集包含 280 万条图书记录，其中，图书社会化元数据是从 Library Thing 上获得的。图书元数据集中的专业元数据主要是从 Amazon 上获得的。每条图书记录是一个描述图书基本信息的 XML 文档，由于相同书名的图书可能有不同版本的类型，因此采用能够唯一标识图书的 ISBN 号作为 XML 文档的文档名。图书数据集中的社会元数据则被储存在标签、评分和评论元素中。在整个图书元数据集中，61% 的数据集拥有专业元数据，57% 的数据集至少包含一个标题，超过 43% 的数据集至少有一条评论，82% 的数据集至少有一个 Library Thing 论坛的标签。考虑到绝大多数用户浏览或检索时只需要图书最基本的信息，选择的专业元数据主要包括图书名称、作者、出版社、出版时间、内容摘要、关键词等。社会化元数据主要包含标签、评分和评论。选取 100617 条图书元数据记录建立倒排索引。

（3）倒排索引

倒排索引也称为"倒排文件"，几乎是每个信息检索系统的核心数据结构，提供了文档集中的词项与其出现的位置之间的映射。倒排索引的基本结构：为每个关键词 t 构建一个对应的列表，这个列表记录了所有包含关键词 t 的文档编号。同时，记录关键词 t 在每个包含 t 的文档中的位置信息。倒排文档的组成要素包括关键字（作者、主题词、分类号）、目长（含有该关键字记录的条数）、记录号集合（所有与该关键字有关的记录号）。

倒排文档可以实现对文献的快速查询，只需要检查索引就可以确定哪些文献是与查询请求相关的，同时在处理复杂的多关键字的查询时，可以在倒排文档中先完成查询的逻辑运算，得到结果后再对记录进行存取，这样就不用对所有记录进行查询，从而提高查找速度。构建倒排文档的步骤为：首先，解析需要建立倒排索引的文档，将解析结果存储到新的纯文本文档中。其次，获取解析后的纯文本文档，获取纯文档中的内容，对这些内容词汇进行数据处理。最后，获取经过分词、去停用词和取词根的词作为索引关键词。

（4）图书元数据

XML 文档解析由于图书元数据集中的文档结构并不完全相同，并不是所有图书元数据文档都包含社会化图书元数据的所有元素，有的图书元数据只包含社会化元数据，还有的图书元数据只包含专业元数据。采用 SAX 和 DOM 等解析方法在同一时间内只能解析相同结构的文档，而正则表达式则不受这些文档结构的限制，可以以简单的方式将 XML 文档中的所有元素内容解析出来，并且 Java 中就包含正则表达式的工具包，在软件运行时不需要另外添加其他工具。另外，采用正则表达式可以提高系统建立索引的速度。因此，我们采用正则表达式解析图书元数据 XML 文档。

（5）正则表达式

正则表达式是对字符串操作的一种逻辑公式，用事先定义好的一些特定字符及这些特定字符的组合，组成一个"规则字符串"，用这个"规则字符串"来表达对字符串的一种过滤逻辑。正则表达式具有强灵活性、逻辑性、功能性，用极简单的方式快速达到控制复杂字符串等优点。

（6）倒排索引的创建

Lucene 是 Apache 软件基金会 Jakarta 项目组的一个子项目，是一个优秀的开源全文检索引擎框架。在 Java 开发环境里，Lucene 是一个成熟的免费开源工具。信息检索领域广泛应用 Lucene 全文检索技术。

倒排索引的创建过程为：首先，进行数据处理。笔者采用的是关键词检索，因此必须对解析完的图书元数据纯文本内容进行分词处理。其次，由于所获得的关键词中包括大量无意义词，如"a""an""the""in""too"等词，因此通过去除停用词程序来去掉这些无用词，获取有效词。最后，采用波特词干算法取词根，对于大小写、名词动词的各种时态和单复数形式进行合并转化。减少索引数据量，以提高索引速率。

（五）虚拟技术

在计算机软件技术方面，虚拟技术是最重要的。计算机软件技术需要结合虚拟资源进行配置和管理来适用于各种环境需求，实现大数据资源的优化和改进，提高用户操作的灵活性，确保企业的数据信息使用效率和质量。

现阶段，虚拟技术的应用率在企业和科研机构中非常高，特别是一些技术本身具有较高的商业价值，会对人们的生活及学习产生巨大影响的项目，如当下火热的元宇宙概念。虚拟技术在大数据中的应用可以提高数据的应用价值和实用性，促进其从理论到实践的转变。在数据形成的过程中，虚拟技术还可以实现软件的内部控制，改进软件的结构和功能，借助技术的创新，为后续发展提供必要的条件，为社会科学技术的发展及应用奠定基础。在企业实践应用中，首先，虚拟技术能够对企业内部的信息数据资源进行科学分配，提高企业的资源转化率，优化企业内部结构，助力企业降本增效。其次，企业也能够结合当前业务种类和日常信息数据，建立完善的数据库系统，为用户提供更高质量、高效的服务。例如，3D 虚拟技术的应用，借助计算机图形技术、3D 技术、编程技术、视频处理技术等建立虚拟 3D 模型，使企业员工能够在虚拟空间中进行业务操作，降低实际工作失误率，提高工作质量，也能够使用户借助虚拟 3D 模型感受到高质量服务。

（六）云存储技术

1. 云存储技术的内涵

云存储技术是基于互联网技术，将自己的数据存储在云服务公司和组织的虚拟服务器上。云存储技术跨越了整个空间，解放了物理存储设备，在我国计算机软件开发领域占据着非常重要的地位。只要用户拥有网络，云存储信息就可以随时被访问、使用和传输，庞大的信息储备充分满足了人们对不同信息的不同需求。在大数据时代，云存储技术的性能得到了进一步提升，不仅合理地解决了原有技术应用中的约束条件，而且提高了信息管理的效率，为用户搜索和下载信息提供了便利，同时还可以执行其他功能的协调操作。例如，用户可以通过云储存技术将信息存储在云盘中，在发送电子邮件时可以快速访问云盘，并通过电子邮件将信息传输到云盘中。云存储技术主要应用于虚拟存储、数据存储、加密技术和网络监控四个方面。虚拟存储主要由客户端、管理服务器、云数据服务器和对象存储节点四部分组成，通过应用分布式云存储模式，实现数据的虚拟化，提高数据的安全系数。如在网络监控中，云存储技术可以实现大规模监控和管理，运营商利用摄像机、编码器等前端设备，可以完善视频监控系统，随时了解系统数据管理情况。

2. 云存储基础技术

一般区块链系统的存储主要是通过本机内存与磁盘进行数据的持久化存储，通过一些传统的硬件存储设备进行存储，如固态硬盘、机械硬盘等。相比于传统的存储设备，云存储不仅是单一的硬件部件，还是一个集多项功能于一体的复杂系统，包括集中网络设备、服务器、应用软件、接入网络等多个部分。云存储系统以存储设备为核心，封装应用软件并提供一致的业务服务给外界。云存储系统结构主要可分为四层，分别为最基础的存储层、最核心的基础管理层、实现多种功能的应用接口层和为用户提供的访问层。

云存储体系架构如图 4-3 所示，存储层主要对应一些网络接入的存储设备，需要对存储的数据进行集中管理维护、状态监测。除此之外，存储设备同样也需要进行虚拟化的管理，如对硬件设备的监测和维护等。基础管理层是应用技术较多的部分，实现难度相对较大。由于存储层的设备需要进行组合维护，可将设备应用于多台主机，通过集群、分布式文件系统等技术，协同云存储中的多个主机或多个存储设备对外提供相应的服务，使云存储系统发挥出最大、最完备的价值。内容分发网络和数据加密技术保护云存储架构中的数据隐私不被泄露，而数据备份容灾措施使得云存储系统具备跨区域、高可用的特性，从而保证在发生意外情况如宕机、崩溃时，数据不会丢失。应用接口层相对较为灵活，针对不同的实际业务，开发公用 API 接口，提供相应的应用服务。访问层针对用户需求，提供访问的手段和类型均不相同。

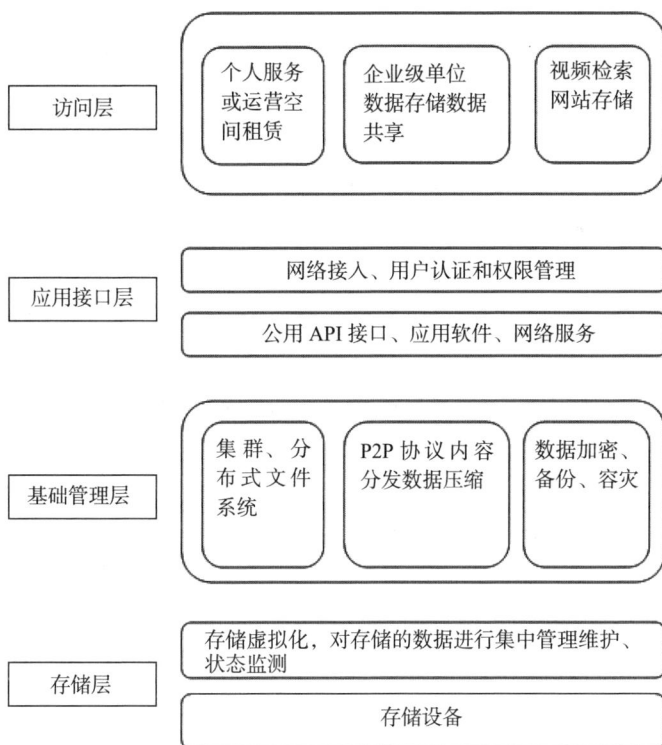

图 4-3　云存储体系架构

（1）文件分布

云存储一般使用分布式存储技术，最根本的原因在于单机磁盘的存储容量有限。主要思想是将文件分成许多个小文件，存到其他的机器中并做好记录，在下一次合并时即可根据存储记录将小文件进行合并，这样的方式即为分布式存储方式。除此之外，单台主机的内存和 CPU 存储容量有限，有些应用使用单机处理效率过低，这样可以把数据分为几个小的文件，然后把它们复制到其他的计算机上，在其他计算机上进行处理，然后把它们的结果合并在一起。接下来就是如何在多台计算机中存储文件。需要某种策略来控制存储在哪个服务器上的文件，可以由一个控制服务器来进行，而客户机则仅与控制服务器进行交互。另外，可用一致性哈希算法，针对开源式分布式存储使用，不需要控制节点、计算需要存储的位置，但还是需要通过控制服务器来对一些集群元数据进行存储，如映射的一些规则、监控，集群中的成员信息等。文件直接映射到主机或硬盘导致粒度太粗略，使得数据分布不均衡，因此引入虚拟主机的概念。其原理就是在物理主机的基础上加上一层逻辑主机，可根据磁盘容量进行映射，如取模运算。基于上述运算，虚拟主机会计算文件块的存储位置，再从相应映射表中查询虚拟主机对应的物理主机。如果遇到文件块很大的情况，在一台服务器难以存储的情况下，很容易导致主机磁盘利用率不高，大部分分布式存储系统采用分块技术，使得存储的密度更大、更紧凑。最后需要解决分布式系统的数据可靠性以及可用性问题。如果一个服务器坏了，可能会出现一个文件的某些块不能进行访问的问题，因此文件读取失败。在这样的情况下，一般采用冗余技术，对每个块都存储多份，并分布在不同的服务器上，一个服务器宕机之后，可从其他服务器中读取该块。

（2）备份容灾技术

在一个分布式集群中，如果集群整体瘫痪，数据便找不到任何来源，因此，需要对数据使用复制手段，即备份。备份分为全量备份和增量备份，全量备份指的是拷贝整个文件；增量备份即只复制上一次备份后改变的内容，可节省存储空间。简言之，备份容灾技术就是异地同步技术，可以保证系统的高可用特性。该技术与 MySQL 的主从同步技术相似，其主要在异地建立一个完全相同的主机集群，正常情况下，不向用户提供服务，仅仅用来同步，当本地集群出现问题时，即可自动切换该备份好的集群，服务仍然可被使用。

（3）存储服务分类

首先对存储设备进行下分类。

①块存储，即块设备，需要用户自己创建分区，创建文件系统，挂载到文件

系统中才可以进行使用，相当于一个新的 U 盘。其主要实现了 read、write 等接口。

②文件存储，也是块存储的一种情况，简言之，可被视作分布式文件系统（Hadoop Distributed File System，HDFS），通常对 POSIX 接口进行实现，不需要进行文件系统安装步骤，直接挂载到操作系统中。HDFS 存储文件时，是按照数据块来存储的，也称为磁盘块。存储时，其在磁盘中的位置需要定位，结束之后可再进行传输。面向对象存储主要是提供 Web 存储服务，通过 HTTP 接口进行访问。一般来说，只需要 Web 浏览器即可正常使用，不需要到本地操作系统中进行挂载，实现了如 Get、Post、Delete 等比较常见的 HTTP 方法，即协议接口。对象存储本质上是非结构化的，可以灵活地组织文件，适合需要频繁读取的数据。

除此之外，对象存储支持通过元数据进行搜索，比块存储的速度快很多。块存储系统一般被用来存储数据库、支持随机读（写）操作以及保存正在运行的虚拟机的系统文件。使用块存储，在存储大量数据时，文件会被拆分成大小固定的小区块，这些块分布在多个存储节点上。块存储的另一个优势是备份机制。最典型的使用场景是块存储可作为虚拟机的磁盘。虚拟机通常需要申请虚拟硬盘，大小在几十 GB 到几 TB，需要对将要使用的数据作预留空间的担保，为了避免磁盘利用率不高的问题，在实际应用中用多少分配多少。面向对象存储适合用户对非结构化的数据进行存储、静态内容存储以及分发、备份、归档。使用情形为一次写入、多次读取。在基于对象存储的系统中，两个相关文件不一定存储在同一个物理介质上，因此，它们之间的层次结构是扁平且易于编写者访问的。

总而言之，数据云上的存储主要借助多项技术，如虚拟技术、集群技术、网络技术，以软件集结的形式将网络中的多种存储设备进行有效协同，把这些设备组合起来提供相应的数据存储服务给外部用户。

第三节　新媒体环境下图书馆立体阅读服务模式的构建

一、图书馆立体阅读服务模式的构建目标

不管是传统图书馆还是新媒体环境下的图书馆，其建设的根本点都是为了服务，而服务的最终目标是满足读者需求。新媒体环境下的图书馆就是要把满足读者的实际信息需求和潜在的信息需求，有针对性地为读者提供定制化信息服务作为建立立体阅读服务模式的目标，以保证实现真正意义上的立体阅读服务模式，使读者通过这种模式享受到图书馆提供的高质量服务。

（一）建立以读者为中心，具有良性互动机制的立体阅读服务模式

新媒体环境具有自由、开放、共享、互动等特点，而这些特点恰恰与图书馆的服务宗旨相一致。利用新技术构建图书馆立体阅读服务模式，提升信息服务能力，建立以读者为中心的良性互动发展机制是顺应新媒体环境技术发展的需要，满足读者个性化信息需求和加快图书馆自身改革发展的需要。

就目前而言，新媒体环境已经为图书馆搭建互动交流平台提供了 Web3.0、4G、物联网、云存储等现代化的技术支撑。Web3.0 的跨语言引擎技术可将个性化门户的各种语言版本进行整合，从而形成一个统一的整体，实现不同语言间的翻译和不同搜索引擎检索的集合。Web3.0 的个性化信息聚合技术能实现知识共享的个性化和精准化。随着网络环境的变化和读者获取信息渠道多元化局面的形成，图书馆传统的咨询台、热线电话等互动信息服务方式在一定程度上制约了图书馆的建设和发展。因此，图书馆应树立开放包容的管理理念，引入智能便捷的服务理念，一切以服务读者为宗旨，搭建读者广泛参与的互动平台，提高读者的体验度。例如，图书馆可设立一个订阅的界面，为读者提供信息推送服务，实现互动信息服务。风靡图书馆界的"豆瓣读书"就是通过发布、存储、分享及传播读者对图书的评论、推荐、个人读后感等信息，让读者分享各自撰写的信息，同时可以促进图书爱好者之间的交流和互动。读者还可以把互联网上的信息，如新闻、天气预报、专业论坛、专家博客等添加到自己的个人图书馆门户中，个人门户之间也可以相互交流、相互链接、共享信息单元。建立手机图书馆和图书馆产生互动，及时获取图书馆的相关信息，构建图书馆虚拟社区，将论坛、即时通信、在线聊天室、图书馆公告、新闻 RSS 订阅、数据库信息资源 RSS 推送等服务整合在一起，可实现馆员和馆员之间、馆员和读者之间的互动交流，使隐性知识得以传播，也拓展了图书馆的利用空间。

（二）建立提供泛在化服务的立体阅读服务模式

泛在知识环境主要是指很多广泛存在且能力较为全面的意识环境保护管理系统，主要包括信息数据平台、软件系统、硬件设备设施以及网络硬件和操作人员，是一个综合性的整体，并且在各子系统之间还需具备密切的合作关系，以此来共同实现项目目标的完成。泛在知识环境下图书馆概念的出现，不仅提升了我国主流实体图书馆的功能和信息资料储备能力，也提高了传统图书馆的服务质量和相关管理效率，这是在新时代以及未来很长一段时间内图书馆建设发展的重要趋势之一，对满足人民群众对图书馆的新期待和新要求具有重要作用。

传统图书馆的服务范围和服务对象是固定的，服务内容和服务功能是有限度的，服务场所和服务空间是明确的，服务手段和服务机制是常规的。这种现象远远不能满足新媒体环境下的读者需求。新媒体环境下的读者需求呈现泛在化的特征，图书馆的服务也应泛在化，图书馆也必须泛在化。泛在图书馆就是无所不在的图书馆，其本质是图书馆服务的泛在化，是为读者创造图书馆服务与读者需求空间和过程有机融合的一种新的平衡状态，目的是提供一种到身边、到桌面、随时随地的服务。

1. 服务范围与服务对象的泛在化

泛在图书馆最大限度地扩展服务的范围，避免传统图书馆服务范围和服务对象狭小的缺陷，将服务延伸到更多的读者中，尊重读者平等利用图书馆的权利。有读者的地方就有图书馆的服务，应成为图书馆的基本理念和服务模式。

2. 服务内容与服务功能的泛在化

随着知识的普及，人们对图书馆的信息服务提出了更高的要求。新技术的运用，使得图书馆的服务内容和服务功能得到了提升，图书馆的信息存储和传播能力得到了加强，读者的服务和交互作用得到了极大的改善，读者体验、实践和参与的功能得到了充分的体现。读者可以通过计算机、手机等进行图书的查询，通过微博、微信、博客等方式与馆员或其他读者进行实时互动。

3. 服务场所与服务空间的泛在化

"读者在哪里，图书馆的服务就在哪里"，图书馆的服务与读者的需求形影相随。图书馆及图书馆馆员应从文献服务和信息服务转变为知识服务，开辟新的服务阵地和服务空间，以读者为中心提供读者需要的服务，实现读者在任何时间、任何地点都能访问图书馆资源、获取图书馆服务，既不受时间的限制，也不受地理位置的限制。

4. 服务手段与服务机制的泛在化

图书馆应利用泛在环境新技术手段，解决读者需求无限与图书馆人力有限的供需矛盾，创建能提供泛在化服务的服务平台，将服务的阵地延伸到读者一线，改进服务手段、深化服务机制、拓展服务项目、提高信息服务效率和效果，把资源、读者、服务三者有机地结合起来，形成一个互动增长的有机体，并将读者需求作为图书馆服务不断创新的动力源泉。

（三）建立能挖掘和外化隐性知识的立体阅读服务模式

隐性知识是人类大脑中的一种难以用文字、图表、公式等表达的知识，它的传播、沟通、观察、理解都很困难，还没有被编码或显性，是一种基于长期经验的主观认识。隐性知识是图书馆知识服务的一支后备力量。在知识的普遍化背景下，使用者对个人意识或组织内的隐性知识的需求越来越大。图书馆通过建立相关的服务平台，如"真人图书馆"，以实现隐性知识的交流和应用、传播和创新。通过对隐性知识的发掘与开发，促使其显性化，从而形成一种凝聚力量，达到在隐性知识外化的过程中，使用者的学习能力和知识水平得到不断提高的目标，从而提高图书馆的服务能力和创新能力。

（四）建立基于协同合作、多主体参与的联合服务的立体阅读服务模式

图书馆联合服务是某一地区、某一类型或某一专业的一定数量的图书馆之间在自愿原则下开展馆际协作服务的一种形式。参加联合服务的图书馆在协同合作、公开透明的前提下建立合理的管理制度，设立组织机构，以合作的方式结成联盟，具有长期性、稳定性和整体性的特点。图书馆建立基于联合服务的立体阅读服务模式，能够使读者享受到联合服务系统内的全部文献信息资料，增加单个图书馆所不能提供的服务项目，解决文献信息资源数量及价格急剧增长与图书馆经费不足之间的矛盾，是图书馆实现资源共享的重要途径。

联合服务模式不仅为读者提供全方位、多层次、高质量和全天候的信息服务，也可以发挥不同类型图书馆合作共享的综合实力，推动传统图书馆与数字图书馆、纸质资源与电子资源的互补共存，促进区域图书馆与读者的交流沟通以及区域图书馆与区域发展的互动共进，引领图书馆事业的区域整体发展，是图书馆的发展趋势网。

二、图书馆立体阅读服务模式的构建原则

图书馆的立体阅读服务模式的构建是一个涉及多个图书馆、多部门、多方面的大工程，包括人力、物力、技术等。

（一）领导重视，更新观念

一项工作的完成必然需要领导的大力支持，而全方位的服务也是必不可少的。一个领导者的眼界、观念、胆识等是成功构建立体阅读服务模式的关键。图书馆

的领导要根据时代发展的需要，意识到立体阅读服务的重要性，进行全方位的调研和学习，并根据本馆、本区域的需要，制订具体的规划方案，并对所需的效果进行分析和预测，争取上级的支持。同时，图书馆必须抛弃"重藏轻用"的观念，树立"以用为主"的新理念，提高图书馆工作人员的自觉性和进取心。

（二）周密计划，建档备份

每一次的工作都要精心策划，并且要把整个项目的整个过程都记录下来。从管理者的视角来看，可以及时总结、发现问题、解决问题。从使用者的视角来看，可以让馆员在每一阶段了解使用者的信息需求、研究热点、服务满意度等，对其进行及时的分析和总结，有助于提高工作水平，把握学科发展的研究方向，推动图书馆工作的顺利进行。

（三）开拓创新，读者第一

图书馆的立体阅读服务模式的构建一定要始终坚持一切以读者为本，根据读者的具体需要进行有针对性、个性化的创新服务，积极拓展图书馆的服务项目，构建合理的立体阅读服务模式。

三、新媒体环境下构建图书馆立体阅读服务模式的意义

（一）激发读者的阅读兴趣

传统的阅读模式是单向的，以文字为媒介，而资讯的传递也是线性的。立体阅读是一种综合性的阅读方式，它可以通过各种形式的主题活动来拓宽信息的传播途径，从而有效地激发读者的阅读兴趣，提高读者的阅读效率。

（二）为读者营造更加舒适的阅读环境

立体阅读是一种利用多媒体的阅读方式，读者阅读的对象不仅是文字，而且包括视频、音频、舞台剧、电影以及话剧等。

与传统的阅读方式相比，立体阅读可以为读者提供更为丰富的情境体验，使读者在更为轻松、自在的环境中汲取新的知识。

（三）培养读者良好的创造思维和创造力

立体阅读以主题式阅读为理念，将资源整合在一起，利用讲座、影视、展览等多种形式，为读者呈现信息的不同形态，有利于培养读者良好的创造思维和创造力。

在传统的阅读方式下，读者只能通过文字和图片来获取信息，较为枯燥乏味，而立体阅读使读者获得了鲜活的信息，有助于激发读者的想象，培养读者的创造力。

四、新媒体环境下图书馆立体阅读服务模式的构建及推广策略

（一）不同立体阅读服务模式的构建策略

1. 图书馆内部立体阅读服务模式的构建策略

立体阅读服务要以图书馆为依托，把阅读和对读者的理解结合起来，在具体的服务中，深入挖掘读者的特定阅读喜好。敢于突破以往的传统阅读服务模式，强调与读者的互动交流，为图书馆立体阅读服务做好前期准备工作。同时要加强立体阅读服务推广工作，建立读者阅读意见反馈机制，树立相应的活动品牌，进一步推进立体阅读服务的可持续发展。

2. 图书馆网络立体阅读服务模式的构建策略

随着网络信息技术的飞速发展，图书馆借助互联网信息技术建立了网络信息平台，并对现代信息技术进行了广泛的应用。

第一，利用图书馆现有的图书资源，为读者提供电子图书（期刊）服务，广大读者可以根据自己的喜好，通过多种方式获得电子资源，从而有效地提高电子资源的利用率。

第二，建立一个与读者、图书馆沟通交流的平台。图书馆要加强对图书的宣传、推荐、咨询等工作，以增强读者的参与意识。

第三，借助新媒体平台（如微信、微博等），使立体阅读更加生动有趣，同时可以通过互相转发来扩大其宣传范围。加强对读者数字阅读的指导和训练，使读者获得更好的阅读体验。

3. 图书馆外部立体阅读服务模式的构建策略

图书馆的馆外立体阅读服务实际上就是与其他图书馆进行合作，实现互通有无、资源共享，发挥各图书馆的资源优势，共同实现立体阅读服务工作。这样既能扩大服务的规模，又能提高服务的影响力，还能吸引更多的读者，为更多的读者提供优质的服务。

具体可采用以下手段：①增强图书馆之间的合作，组织、建立图书馆立体阅读服务小组，馆与馆之间联合开展一系列立体阅读服务活动。②与其他文化机构

合作，开展"名师讲堂""图书专题讲座"等活动，充分发挥各自的优势，实现资源的充分利用。

（二）立体阅读服务模式的推广策略

1. 开展立体阅读服务的宣传推广活动

图书馆应该全面规划立体阅读服务宣传推广活动的内容和形式，从而提高读者对立体阅读服务的关注度。要想提高立体阅读服务模式的时效性、互动性和灵活性，图书馆应以微信公众号为核心，创建图书馆网站、布置馆内宣传栏、张贴宣传海报等，使宣传覆盖面最大化。

图书馆还应深入了解读者的阅读需求，有的放矢地开展立体阅读服务的宣传推广活动。

2. 创建立体阅读活动品牌

创建立体阅读活动品牌是非常重要的，在一定程度上，它关乎图书馆立体阅读服务模式对广大读者乃至整个社会的影响。一方面，创建立体阅读活动品牌可以增强读者的参与感，使读者对活动有深刻的认知；另一方面，创建立体阅读活动品牌还有利于立体阅读服务专业化、常态化发展。为了使读者发自内心地感受到阅读的乐趣，图书馆可以围绕某一阅读主题作品，开展讲座、读书沙龙、真人图书馆、展览、演讲等不同形式的活动。

3. 加强馆内资源整合

为了提高广大读者的阅读能力，图书馆应全方位、多维度、广角度、深层次、创造性地进行策划和创新，吸引读者进入图书馆，提高馆内资源利用率。

为了保证立体阅读服务工作的持续运行，图书馆应灵活运用现有的各项资源优势和空间优势，如资源、硬件设备和特色空间。

为了吸引更多的读者到馆阅读，图书馆可提供特色空间服务和朗读亭等配套设备，从而增强读者的体验感和阅读意愿，促进图书馆服务转型。

第五章 新媒体环境下图书馆移动阅读服务模式

为适应当前的新媒体环境，图书馆在现代信息技术的大力推动下，加快了向数字化方向转型的步伐，在此过程中大力发展图书馆的移动阅读服务模式成为极为重要的环节。本章分为图书馆移动阅读服务概述、国内外图书馆移动阅读服务的实践应用、新媒体环境下图书馆移动阅读服务模式的创新三部分。主要包括移动阅读、国内图书馆移动阅读服务的实践应用、目前主流的移动阅读模式等内容。

第一节 图书馆移动阅读服务概述

一、移动阅读

（一）移动阅读的定义

在 CNKI 知识元数据库中检索有关移动阅读的相关说法，可以发现阐述内容是相似的，如表 5-1 所示。

表 5-1 移动阅读的相关定义

学者	观点	时间
方卿 王欣月 王嘉昀	移动阅读是指读者使用手机、Pad、电子阅读器等移动性强的便捷式数字设备，随时随地进行的阅读	2021-06-02
张文彦 于成	移动阅读，是指基于手持终端的阅读行为，这种载体是数字化技术的产物，通过下载、无线网联等方式获取信息，实现终端阅读	2020-12-10
易红 张冰梅 宋微	移动阅读，是通过各种便携式的移动阅读终端，对电子形式的信息内容进行有线下载或无线接收，达到在"移动"中碎片化阅读的目的	2015-1-30

学者	观点	时间
曾妍	移动阅读即随身阅读，是以移动设备为载体，对以电子版方式在互联网上出版、发行的文本信息、图像、声音、数据等多种移动阅读设备信息形式的内容，通过便捷式阅读终端进行有线下载或无线接收，最终实现阅读的一种新方式	2009-2-20

从表5-1中可以看出，各位学者对移动阅读的定义虽然各有说法，但基本是围绕三个关键点展开描述的：①移动设备方面，区别于传统纸本阅读，其载体是数字设备。②阅读内容更广泛丰富，除了文字、图片，还包括音、视频等多种形式的内容。③通过移动网络传达信息，便捷快速。结合相关研究，可将移动阅读界定为：使用手机设备下载的，包含文学作品、网络小说、图片、音频等多种类型的应用软件进行的阅读行为。

（二）移动阅读的要素

结合相关学者对移动阅读的定义，可以总结出移动阅读的几大要素，依次是用户、移动设备、阅读软件和阅读内容。

用户是移动阅读软件的使用主体，一款产品主要为用户服务，因服务需求而产生，没有用户的需求，产品的存在便成了空中楼阁。用户的需求多种多样，而某个移动阅读软件是否能够成为一个为用户所满意的产品，关键在于用户的评价怎么样。只有与用户积极沟通交流，了解不同用户的不同阅读需求，才能开发出更好的移动阅读软件。例如，有一种很常见的用户分类方法，把他们按照对移动阅读软件的熟悉程度，分为专家、新用户和中间用户。在研究过程中，可以将专家的意见想法作为比较科学的数据，基于这些数据，将研究结论提供给新用户予以指导，中间用户予以修正。

移动设备可谓多种多样，非常丰富，随着科学技术的进一步发展，智能手机、平板电脑、电子书阅读器等设备已成为人们生活中常见的使用工具。当今5G、人工智能等技术的发展也如火如荼，相信未来移动阅读设备的服务将会变得更加丰富、智能和人性化。在等待时，人们倾向于打开手机利用碎片化时间进行阅读，智能手机可以称得上是移动阅读最重要的硬件设备，它让随时随地阅读成为可能。相对于智能手机，平板电脑的屏幕更大，更类似纸书的阅读体验，在稳定的环境中使用平板电脑进行深度阅读成为越来越多用户的阅读习惯。电子书阅读器专注于阅读体验，功能相对来说较为单一，但单纯的阅读功能也能让电子书阅读器成为沉浸式阅读体验的代表。近年来，随着各大阅读行业公司纷纷推出电子书阅读器，各款阅读器竞争激烈，其销售变得更加困难。

阅读软件，即移动阅读 App，安装在移动设备上，将移动阅读内容整合在一起。目前市场上的移动阅读 App 种类非常丰富，令人眼花缭乱，但稍加体验就会感受到其中大部分的功能非常相似，令人耳目一新的移动阅读 App 少之又少，很多移动阅读 App 并没有做出自己的特色内容和创新服务来吸引用户。而这也正是目前移动阅读 App 市场普遍存在的问题，移动阅读 App 不断出现，但其中却有很多移动阅读 App 循规蹈矩，没有自己的独特优势和发光点，缺少创新，随波逐流。

移动阅读的内容目前已经非常丰富，阅读内容不只局限于传统的文字和图片，还不断与音频、视频等多媒体形式交互作用。移动阅读软件中已经有很多种对阅读内容的分类，如小说、图书、漫画、新闻、杂志、电台节目、音频、视频等。随着阅读内容的不断丰富，用户的个性化、社交化需求也不断凸显出来。

（三）移动阅读的特点

1. 阅读行为的便捷性

阅读领域的变革是随着技术的革新而出现的，移动阅读迅猛发展也离不开移动互联网技术的成熟和以手机、平板电脑为主的移动终端设备的普及，正是其便携的特征和符合人类行为习惯的操作方式，为移动阅读成为全民阅读首选方式奠定了基础。

移动终端的便携性为阅读增加了移动场景的应用，为阅读提供了更便捷的方式，是移动终端设备最重要的属性。电子书的数据化为通过移动终端设备随身携带大量书籍提供了可能，移动互联网技术提供的云端存储则使移动终端设备不再有容量不足和设备更换的烦恼，在这些技术的支持下，移动终端设备使阅读进一步摆脱了时间和空间的限制，实现了便携式移动阅读。过去十年间，移动终端设备为了更多地满足用户的需求，整合的功能日益增加，并随着 VR、AR 等技术以及手势操控等交互手段对新硬件的需求，设备体量不可避免地逐步扩大，便携性受到了明显的影响。2020 年，苹果公司最新产品 iPhone12 选择在重量和尺寸上回归轻薄这一传统追求，并以 7 个月 1 亿台的销量证明了这一选择的正确，也证明了便携性依然是移动终端设备的主要竞争力。

同时，深阅读对沉浸式场景的需求也使移动阅读用户对功能性提出了更高的要求。移动设备复合的功能越多意味着移动场景下需要携带的设备越少，对便携的需求促使复合功能性成为提高用户购买愿望的重要指标。前瞻产业研究院的数据显示，2012 年中国平板电脑销量达到 879.5 万台，而同年的电子阅读器销量同比下降幅度达到 31%，卖出 206.2 万台。此后至 2018 年，电子阅读器始终维持在两百多万台的销量，而平板电脑 2018 年在中国的出货量已经达到了 2223 万台。到了 2021 年，电子阅读器的整体销量下降了 12.5%，跌至 210 万台，而平板电脑市场出货量约 2846 万台。

在可以实现移动场景阅读的前提下，拥有文字、图像、视频、音频等多种阅读形式并可以实现交互功能的手机、平板电脑等复合型移动终端设备比单一功能、黑白墨水屏、专注传统阅读感受还原的 Kindle、口袋阅、掌阅等电子书阅读专用设备更受普通阅读用户的欢迎。

直观的操作方式是便捷使用体验的重要保障，符合人类行为习惯的手势操控方式是移动阅读全民化发展的另一重要支柱。从苹果公司前 CEO 乔布斯扔掉触控笔将键盘手机淘汰，到新一任 CEO 库克捡回触控笔将其发展为平板电脑的标配，基于人类行为学发展更便捷、多样、适用性广泛的交互方式是移动设备努力的方向，而手始终是触控交互的首选工具。

以高知名度的平板电脑绘图软件 Procreate 为例，作为以触控笔使用为卖点的平板电脑工具类软件，手势操作是其能够以更简便的方式实现传统电脑同类型工具软件 Photoshop 大部分操作必不可少的部分，合理而明确的手势操作逻辑是平板电脑摆脱键盘、鼠标提高便捷性体验的重要前提，而对移动阅读来说，手势操控更是其交互性优势得以实现的重要方式。作为人类拥有有声语言之前的第一交际手段，手势无疑是最基础、最灵活、最直观的交互工具，以手势操作为交互方式可以实现便捷的体验感受，是移动阅读普及率提高的重要助力。

2. 阅读环境的互动性

移动阅读的阅读环境相对于传统阅读也有了深刻变革：固定场所阅读减少、阅读氛围营造虚拟化、社交需求增多、信息干扰增多等。这些改变既有对深阅读不利的负面影响，也有增加知识分享交流渠道的积极变化，但环境改变为移动阅读带来的最显著影响还是互动属性的增加。与传统阅读依靠现场氛围和读者主观需求进入阅读环境不同的是，移动阅读不但能通过用户与软件间的互动为不同阅读场景适配、构建阅读环境，还能通过用户与用户间的互动增加用户的阅读满足感、提高用户的阅读意愿。

首先，用户与阅读软件的互动，主要表现为阅读软件为满足用户移动阅读需求进行的个性化定制，如配合不同阅读场景的界面变化、减少信息干扰的弹窗屏蔽功能、更便利的全局搜索引擎、更多形式的社交功能植入等。以立足于通信软件微信庞大用户群基础打造读书社交体系的微信读书 App 为例，在交互界面的阅读场景适应性上有多种颜色主题的页面背景，滑动和翻动的不同页面切换方式，可调速的自动阅读模式，可随时自由切换的听书和看书形式等可供用户在不同使用场景和阅读习惯下进行调整的互动性设计。这些交互设计为用户实现阅读环境个性化定制提供了可能，也是移动阅读相比于传统阅读以技术优势构建多种阅读环境的体现。

其次，用户与用户间的互动，包括读者与作者的互动以及读者间的互动，主要表现为将阅读由个人行为扩展为社交行为，在社交的过程中实现阅读体验的升级。依然以微信读书 App 为例，其在拥有先天优势的社交体系的基础上，既有主动进行的微信好友间的书籍分享赠送、阅读过程中对内容画线标注评论点赞、阅读后对书籍整体打分撰写书评，也有被动进行的阅读书单对好友可见、根据阅读痕迹进行的书籍推送、书籍评论收到的其他用户回复等，社交伴随了阅读准备、阅读过程、阅读反馈整个前、中、后期的阅读流程。

这种立体的社交体系为用户量身打造阅读社群，在营造阅读氛围的同时通过互动提供了更多的阅读乐趣：用户和好友间会因为阅读同一本书而增加了共同话题。用户对书籍的反馈意见可能会影响到作者，收获更符合自己意向的阅读体验。阅读过程中的画线评论可能引起其他读者的共鸣和反对，从而形成讨论，收获新的知识和朋友。由用户间互动带来的阅读体验感升级是促成"全民阅读"战略成功的重要手段。

3. 阅读应用的个性化

从移动阅读内容来讲，每个人可以通过网络搜寻自己感兴趣的内容，也可以为自己量身订阅，甚至有些移动阅读应用还能根据人们的阅读历史和阅读习惯进行精准化的推送。从形式方面来看，移动设备实现了一人一个终端，读者可以根据自己的独特需求，自行设置移动应用，满足自己个性化的需求。越来越多的移动阅读应用在设计方面也更注重以人为本，开发多种功能，致力于为人们打造极致的用户体验。

4. 阅读时间的碎片化

移动阅读环境下的阅读时间呈现碎片化的特点，即阅读时间缩短，阅读频率提高。对于"全民阅读"战略，移动阅读在阅读时间上的变化是把双刃剑，碎片化时间的利用提高了全民对阅读的参与性，但阅读时间的碎片化也造成了阅读浅表化现象严重。

碎片化阅读并不是移动阅读独有的，在传统阅读媒介中，报纸、期刊等字数少、篇幅小、信息量大的读物就属于碎片化阅读，只是在移动阅读中碎片化阅读成为主流，且单篇幅信息阅读时长日益缩短。根据新闻出版研究院全国国民阅读第十七次调查的结果，2019 年，我国在总国民数中占比高达 79.8％的手机上网用户的阅读类活动中，选择阅读新闻和短视频的都超过半数，而将所需阅读时间较长的书籍作为主要网上活动的仅有 20.5％。移动阅读单个信息阅读时长缩短的趋势也很明显，NBA 五佳球的体育新闻由几分钟的视频变为十几秒的 GIF 图，BBC 移动端新闻产品 Instafax 选择将 15 秒的视频新闻作为主推项目，视频软件观看最高倍速从 1.5 倍速到 4 倍速的提升都证明了移动阅读用户对高频次阅读的需求。

移动阅读时间碎片化趋势的加强主要有两方面原因：一是由于全球互联网提供的巨大信息量。可供获取的网络信息庞大的总量促使用户产生了在有限的时间内吸收尽可能多的信息的愿望，在加快阅读速度受客观条件限制的形势下，在单位时间内增加信息获取量的方法就是减少单条信息的获取时间。二是由于移动阅读适用的场景通常只能提供碎片化阅读的时长。移动阅读适用的场景主要有移动场景、客厅场景、消费场景，这些场景都不可避免地受到外部环境干扰和主观行为干扰，很难维持长时间的集中注意力，碎片化阅读成为用户首选也就理所当然。

在碎片化阅读趋势无法扭转的形势下，如何通过碎片化阅读获取深层次信息，是扭转移动阅读时间碎片化缺陷的关键。

二、图书馆移动阅读服务

（一）图书馆移动阅读服务的内涵

图书馆移动阅读服务是指图书馆依托成熟的无线移动网络、互联网以及多媒体技术，使人们不受时间、地点和空间的限制，通过各种便携移动设备（手机、平板电脑等）方便灵活地开展信息查询、浏览和获取资源内容的服务。其根据读者的实际阅读需求，通过移动阅读平台向读者提供服务。图书馆提供的移动阅读服务，行为主体是图书馆，服务对象是广大读者。

（二）图书馆移动阅读服务资源的类型

1.电子书籍

（1）电子书籍的概念

电子书籍是互联网技术与计算机技术高速发展下的数字化形式图书。电子书籍覆盖了多种信息形式，一定程度上丰富了知识的载体，同时具备可检索、可复制的特性，具有更高的性价比与传播性。也正是因为电子书籍众多的优点以及可以带给人类不一样的阅读体验而改变了一贯以来单向传输的教条功能，更是影响了人类的阅读方式。

（2）电子书籍的数字化特征

①电子书籍成本低、更新传播速度快。电子书籍传播信息是高效的，也就是信息传递给读者时是没有任何时差和地域区别的，它会随着技术发展变得更广泛化、更大众化。相对于传统书籍形式而言，电子书籍的普及更贴合社会大众的诉求。同时，电子书籍省去了传统书籍在印刷出版程序中的一系列成本，更是降低了纸张能源的消耗。

②电子书籍占用空间小且易存储。电子书籍占用空间非常小，现在的储存设备、光盘、U盘、网盘等储存介质都具有大容量的特点，可以海量存储，同时很多产品具有缓存功能，可以在阅读后进行清理，不占用内存。

③电子书籍具有检索功能。市面上的电子书籍产品以及设备都具有检索功能，读者可以根据自己的阅读需求搜索相关内容，更能够搜索具体的章节，并且在输入关键字眼后可以检索出关联词、文章、段落等一系列相关的内容。

④电子书籍是多种媒体形式相结合的产物。电子书籍设计元素在原有纸质书籍的基础上增加了很多新的形式，不光有图片、色彩、字体，还有音频、游戏、声效等。互联网和科技的发展为书籍设计提供了丰富多彩的手段和工具，还激发了设计师和读者的创造力与联想力，在原有的形式上拓展了设计的自由度。

⑤电子书籍具有互动性。电子书籍构筑起了一个开放自由的社交关系链，当今互联网的信息开放性使读者可以在网上自由分享心得，讨论内容。最典型的电子书籍产品——微信读书，它的口号就是"让阅读不再孤单"，微信读书利用得天独厚的优势——社交关系链，提供优质书源，打造了一款具有社交属性的阅读App。同时，微信读书使读者可以在阅读过程中与志趣相投的人进行互动，进一步学习和展现更多的知识。

2.特色资源

（1）特色资源的概念

特色资源是指绝无仅有的，与其他普通资源相比有独树一帜和独具特色优势的资源，它是一种能反映当地独特性的资源。目前，图情领域对特色资源数据的定义没有具体的统一标准，所谓"特色"通常是区别于其他事物的显著特征。

特色资源是自建特色文献数据库的重要基础，需要经过长时间的沉淀而形成。图书馆的馆藏特色资源一般承载着厚重的人文底蕴，能较好地反映一个图书馆的文化内涵。

（2）特色资源的类型

笔者通过查阅大量特色资源相关研究文献，综合大多数学者的意见，认为特色资源按照载体不同可以分为纸质文献、实物藏品、音像制品与机读资料、自建特色数据库等。纸质文献是指那些以纸本为载体，将信息内容经过刻写、手写、印刷等各种手段进行记录而形成的文献，如图书、期刊、论文、报纸、报告、名人手稿等。实物藏品是指图书馆用于收藏、展示、研究的实物资料，如清华大学图书馆美术分馆收藏的中国陶瓷、明清古典家具、染织刺绣作品等具有艺术特色的实物藏品，它们不仅可以为读者提供教研服务，还能丰富读者的艺术思维，开阔视野。音像制品与机读资料包括各类以胶片、唱片、录像带、录音带、光盘、磁盘等为载体的文献，它可以超越时间和空间的限制，将图像、声音等信息进行记录，使读者任何时候都能直观地了解某一特色专题的实际情况。自建特色数据库是图书馆利用现代化信息技术，依据图书馆自身的特色馆藏基础以及本馆的特色建设任务，为图书馆提供信息资源保障，或者以地区政治、经济、文化的发展和建设为目的，以自行开发建立或与其他单位合作共建为方式建立的数字信息资源库。自建特色数据库包括各类专题特色数据库、机构知识库、学科导航等。

在这里为了方便进行研究，可以将特色资源划分为两个主要的形式：实体特色馆藏资源和自建特色数据库。实体特色馆藏资源是指一切有形的特色馆藏资源，包含纸质文献、实物藏品、音像制品；自建特色数据库则指图书馆依托馆藏特色资源数字化建设和丰富的网络信息资源构建的数字信息资源库，包括专题数据库、机构知识库和学科导航等。由于现代社会信息技术发展非常迅速，数字化信息资源已经成为现在这个时代的主要信息资源，实体文献资源受时间和空间限制的缺点越发凸显，越来越多的图书馆将数字资源建设看作至关重要的发展方向。

20世纪90年代至今，我国很多高校已经逐渐完成对实体文献的数字化建设，依托自身已经具备的特色馆藏资源结合网络信息资源构建各类特色数据库。

特色数据库已经慢慢变成了各个图书馆为读者提供信息服务最重要的资源基础，同时可以将特色数据库看作网络时代下传统特色馆藏的另一种表现形式。特色数据库不仅超越时间和空间的限制，实现信息资源共享，极大地提高了信息利用效率，还能给不同用户提供全方位、个性化的信息服务，提高图书馆在信息社会中的竞争力。特色数据库在图书馆网页上一般以"特色资源""特色馆藏""特色数据库""自建数据库""专题数据库"等栏目标注。

（3）特色资源的建设主题

无论是实体特色馆藏还是特色数据库，都是依照一定的内容主题进行建设的。特色资源的建设主题主要可分为五种类型，分别是学校特色资源、学科特色资源、馆藏特色资源、地域特色资源和其他特色资源，其中，学校特色资源、学科特色资源主要是针对高校图书馆而言的。

第一，学校特色资源。这是每个学校自己独特的资源，主要来源于本校师生的科研成果。学校特色资源的种类较多，包括本校教师和学生编撰的学术著作，已经公开发表的学术性文献、硕博士学位论文，各种会议记录及演讲手稿，学校出版的期刊、学报以及学校校志、年鉴等。学校特色资源的建设情况直观体现了一个学校的教研成果与发展状态，一般而言都具有比较高的学术价值，学校特色资源的建设对学校的教学和科研的发展起着至关重要的作用。很多高校都非常重视学校特色资源数据库的建设，如清华大学图书馆的"清华校刊数据库"、华中师范大学图书馆的"桂子文库"、东南大学图书馆的"东南机构库"和武汉大学图书馆的"武汉大学名师库"都属于学校特色资源数据库。

第二，学科特色资源。学科特色资源是指高校图书馆根据自身的馆藏优势和发展任务，结合本校重点学科专业和科研教学的特点，围绕某一学科范围进行有侧重点的文献和信息的收藏及建设，保证这一学科领域资源的结构性和完整性所建立的各类资源。学科特色资源包括各项学科专题特色数据库、学科导航库等。特色学科的发展对学校的发展起着决定性作用，同时展现了这所学校的办学特色和学科优势，所以学科特色资源是高校图书馆特色资源建设至关重要的一个环节。读者可以通过使用学科特色数据库快速查询到本学科领域的相关资源，随时获得学科最新研究成果、发展趋势等信息，大大提高了读者的信息获取效率。很多高校依据自身优势学科建立了学科特色资源数据库，如华中科技大学图书馆的"机械制造与自动化数据库"、武汉工程大学图书馆的"化学工程"等特色数据库。

第三，馆藏特色资源。馆藏特色资源是指本馆特有的，其他馆所没有或少量拥有的各种馆藏资源以及分散在各个地方、难以被整合利用的资源。馆藏特色资源主要涉及古籍、中西文书目及期刊等。各图书馆经过长期的文献资源积累，都已经逐渐形成带有自身独特魅力的馆藏体系，通过数字化技术将实体特色资源建设为特色数据库成为图书馆特色资源建设的第一选择。例如，北京大学图书馆收藏有大约万册的古籍，武汉大学图书馆建立的"《日本外交文书》目次检索平台"是对馆藏套书的数字化建设。

第四，地域特色资源。地域特色资源是指依据特定地区的历史、文化、风俗、名人建立的，或者与某个地方的政治、经济、文化发展息息相关的资源。地域特色资源可以反映地区独特的历史文化、风土人情、宗教信仰、旅游信息等，还能为地区经济、文化、科技发展的推动工作提供信息资源支持。基于此种原因，很多图书馆把地域特色资源的建设也当作本馆特色资源建设的重点，如安徽大学图书馆的"徽学报纸全文数据库"、云南大学图书馆的"云南特色花卉库"、东北师范大学图书馆的"东北民俗数据库"等，都是以地域特色为主题建立的特色资源数据库。

第五，其他特色资源。这是为了满足读者的特定需求而建立起来的具有特定主题的数据库，例如，收集某一专家学者的论文和著作、研究他的相关学术文献以及一些珍贵的手稿、信件和影音资源等一系列专题资源，以及学校为了更好地进行教学而建立的数据库，以此给教师和学生在教学和科研方面提供参考和指导，包括随书光盘数据库和教学参考系统，还包括各种网络资源数据库等其他资源。

3. 自出版资源

自出版往往是指作者通过新型出版商借助网络技术提供的自助出版平台控制作品的整个出版流程，亲自完成内容编辑、装帧设计、价格制定等工作，并借助平台提供的宣传、发行、营销等服务出版图书产品的非传统出版过程。

自出版平台是指部分电商依托数字出版技术为签约作者提供封面设计、编辑整理、发布作品、宣传等各种个性化服务于一体的数字出版平台。自出版平台可直接与作者合作，无须传统出版商的介入，它既是图书出版、发行平台，也是读者与作者直接交流、直接满足读者需求的平台。除了世界电子书行业的领头羊——亚马逊公司，近年来出版行业陆陆续续出现了一批后起之秀，如创立于2002年的Lulu.com，其主要业务是在线按需打印、自出版和发行；创立于2008年的

Smashwords，就规模而言是目前全球最大的电子书发行平台；我国的豆瓣阅读、来出书平台、网易云阅读、时光流影等自出版平台。

目前，自出版的运行模式已经引起产学研界的重视，图书馆作为移动阅读生态链中不可缺少的一部分，也应该被高度重视，将图书馆的特色资源通过自出版平台进行出版、发行，为用户和作者发挥中介作用提供便利，从而进一步丰富图书馆移动阅读服务资源。

第二节　国内外图书馆移动阅读服务的实践应用

一、国内图书馆移动阅读服务的实践应用

国内的公共图书馆和高校图书馆都在陆续将图书馆的传统服务延伸至移动领域，借助移动电子设备和移动互联网技术为其读者提供移动阅读服务。早期的图书馆移动阅读服务，基本上是以短信服务、WAP 网站的形式来开展的。随着智能手机、平板电脑、电子书阅读器的普及与推广，互联网通信技术的发展与提升，移动通信资费水平的下调以及 iOS 和 Android 两大阵营的崛起，成千上万的手机客户端 App 如雨后春笋般迅速普及。提供可下载安装的移动客户端已逐渐成为图书馆开展移动阅读服务的主流方式，在苹果的 App Store 和谷歌的 Android Market 里以 "Library" 或 "图书馆" 为关键词进行搜索，能发现许多国家和地区的公共图书馆和高校图书馆的移动客户端应用，可供免费下载。

（一）国内公共图书馆移动阅读服务发展概况

笔者通过相关的网络调研得知，国内开展移动图书馆服务、搭建移动阅读平台以及推广移动阅读服务的图书馆队伍规模日益壮大，图书馆移动阅读服务已经由导入期进入发展期。国内一些主要公共图书馆的移动阅读服务的调研结果，如表 5-2 所示。

表 5-2　我国部分公共图书馆移动阅读服务情况

图书馆名称	移动阅读内容
中国国家图书馆	电子图书、电子期刊、学术论文、音视频、图片等
上海图书馆	电子图书、全国报刊索引（提供部分资源访问）、重庆维普期刊（二次文献）、清华同方期刊（二次文献）等
辽宁省图书馆	中图易阅通、超星移动图书馆

图书馆名称	移动阅读内容
贵州省图书馆	与超星电子书合作
黑龙江省图书馆	超星移动图书馆
广东省立中山图书馆	博看期刊数据库
长春图书馆	超星移动图书馆，与博看网、库客音乐合作

除此之外，一些市级图书馆，如首都图书馆、杭州图书馆、东莞图书馆、厦门市图书馆、苏州图书馆、绍兴图书馆、马鞍山市图书馆、武汉图书馆、攀枝花市图书馆、北海市图书馆、高雄市立图书馆等都已对图书馆移动服务的内容进行了拓展和延伸，开始推广移动阅读服务。

（二）国内高校图书馆移动阅读服务发展概况

我国部分高校图书馆移动阅读服务情况，如表 5-3 所示。

表 5-3　我国部分高校图书馆移动阅读服务情况

图书馆名称	移动阅读内容
北京师范大学图书馆	超星移动图书馆
大连理工大学图书馆	超星移动图书馆
哈尔滨工业大学图书馆	卓越联盟移动图书馆、超星移动图书馆
同济大学图书馆	库客数字音乐图书馆、超星移动图书馆
重庆大学图书馆	超星移动图书馆、卓越联盟移动图书馆
四川大学图书馆	超星移动图书馆
电子科技大学图书馆	库客数字音乐图书馆、Safari 电子图书

从总体上看，在校大学生在进行移动阅读时采用的方式比较多，有相当一部分属于交叉使用。不管是怎样的获取方式，移动图书馆仍然是高校读者获取电子图书、电子期刊及论文的主要来源。此外，门户网站提供的阅读资源和网上共享的免费文库资源也成为高校读者获取移动阅读内容的主要来源之一。

二、国外图书馆移动阅读服务的实践应用

移动技术作为 21 世纪信息社会的新技术，在各个领域都发挥着极大的作用。图书情报领域也不例外，移动技术给图书情报界的发展带来了前所未有的发展契

机。美国作为科技大国，对世界各国的教育、科研等机构都具有引领作用。关于国外图书馆移动阅读服务的研究，这里主要以美国图书馆移动阅读服务为例进行深入解读，便于为我国的公共图书馆和高校图书馆提供更多可供参考的建议。

（一）国外公共图书馆移动阅读服务发展概况

据调查可知，美国部分公共图书馆移动阅读服务情况如表 5-4 所示。

表 5-4   美国部分公共图书馆移动阅读服务情况

图书馆名称	移动阅读内容
纽约公共图书馆	电子书（OverDrive、3M Cloud Library）、音频资料（OverDrive、Freegal Music）、视频资料（OverDrive）
芝加哥公共图书馆	电子书（OverDrive）、音频资料（OverDrive）、视频资料（OverDrive）
休斯敦公共图书馆	电子书、音频资料、视频资料
西雅图中央图书馆	电子书（OverDrive）、音频资料（OverDrive）、视频资料（OverDrive）
圣地亚哥公共图书馆	电子书、音频资料、视频资料
波特兰公共图书馆	音频资料
明尼阿波利斯中央图书馆	电子书、音频资料、视频资料（Boopsie）

如表 5-4 所示，美国部分公共图书馆移动阅读服务中，电子书阅读、音频资料阅读以及视频资料阅读服务已日渐普及，而且大多数公共图书馆都与世界领先的电子书、有声读物、音频和视频资料等数字内容与服务提供商 OverDrive 开展合作，推广移动阅读服务。

（二）国外高校图书馆移动阅读服务发展概况

美国部分高校图书馆移动阅读服务情况具体如表 5-5 所示。

表 5-5   美国部分高校图书馆移动阅读服务情况

图书馆名称	移动阅读内容
哈佛大学图书馆	图像、音视频、乐谱、文章、数据库等
普林斯顿大学图书馆	电子书（OverDrive）
耶鲁大学图书馆	电子书（OverDrive）、音频资料（OverDrive）、视频资料（OverDrive）

图书馆名称	移动阅读内容
哥伦比亚大学图书馆	电子书（Scopus、Science Direct）、移动数据库（EBSCO）
斯坦福大学图书馆	电子书、音频资料
达特茅斯学院图书馆	电子书、音频资料、数据库、电子期刊
杜克大学图书馆	电子书、音频资料、视频资料

笔者通过调研发现，很多国外高校图书馆已经使用 HTML5 语言开发移动图书馆网站，并智能地根据用户行为以及使用的移动设备环境（系统平台、屏幕尺寸、屏幕定向等）进行相对应的布局。电子书阅读、视听资料阅读、图书馆博客/微博也成为图书馆开展移动阅读服务的主要关注内容。此外，国外高校图书馆移动阅读的资源主要包括电子书、移动数据库、图书馆自出版的机构库资源等。

第三节　新媒体环境下图书馆移动阅读服务模式的创新

一、目前主流的移动阅读模式

（一）亚马逊模式：终端 + 渠道（平台）+ 内容

亚马逊公司创立于 1995 年，创始人为美国的杰夫·贝佐斯，在创立初期，亚马逊只是一个线上书店，经过长期的发展，亚马逊网站的经营业务不断增多，业务也不再局限于书籍销售一种，而是向着多元化的方向发展，这使得亚马逊逐渐成为全球知名网络零售商。亚马逊公司作为结合互联网技术进行电子商务发展的代表企业，在互联网技术方面有着更深入的研究，这使得亚马逊公司研发出了多种技术，开始向使用人员提供技术服务，如 AWS 云服务、ECHO 服务都是亚马逊公司的知名技术业务。经过 20 多年的发展，亚马逊公司已经成了互联网行业的领头公司。

亚马逊公司经过长期的业务调整，于 2001 年对企业发展的目标进行了明确确定，即"基于互联网最以客户为中心的创新公司"。在此目标确定后，亚马逊公司对客户的使用体验十分重视，任何服务都是以客户为主展开的，这种客户至上的模式使得亚马逊公司吸引了大批忠实客户。为了给客户提供更多的商品选择，亚马逊公司开始引入第三方卖家。亚马逊公司的产品销售优势，使得其第三方卖家数量一直呈现快速增长的趋势，这也促使亚马逊商场的产品不断增多，成了当前全球销售产品类型极为丰富的网站之一。因交易量比较巨大，亚马逊公司为改进物流仓储能力低的情况，开始致力于云服务的研发，经过长期研究，开发出了 AWS 云服务。这些技术研发与应用的目的都是更好地服务客户。这种将客户作为创新导向的目标，运营亚马逊创新云平台驱动客户创新，并且进行绩效指标评估的模式，使得亚马逊的用户量不断增加，公司的市值也快速增长。

亚马逊公司的发展模式一直是移动阅读市场中数据内容提供商、终端设备制造商以及平台服务商争相效仿的对象。具体来讲，其移动阅读模式包括以下几个方面。

1. 内容

创业初期，亚马逊公司通过自己的电子商务平台主要销售纸质书、电子书、软件及视听等产品，这为移动阅读用户提供了完善的平台服务和丰富的数字资源。2011 年 5 月，美国亚马逊公司宣布 Kindle 电子书的销量已经超过了纸质书。此外，亚马逊公司的"自助数字出版平台"给作者提供了创新模式，为用户创造内容提供了专业指导、专业包装与推广，并向读者提供书籍。

2. 终端

亚马逊公司及时把握移动阅读市场的商机，于 2007 年进入电子书硬件行业，并上线第一台 Kindle 电子书阅读器，采取投放低价格专用终端来增加用户的战略。截至 2012 年 9 月，Kindle 产品包括 4G 无线高清 Kindle Fire 平板电脑和 Kindle Paper White 电子书阅读器。2013 年，亚马逊收购了三星旗下的显示屏技术公司 Liquavista，并利用 Liquavista 的显示屏技术为 Kindle 及 Kindle Fire 开发出新的显示屏。2014 年，亚马逊公司全面转战平板电脑市场，与苹果、谷歌等厂商争夺平板电脑的市场占有率，亚马逊公司也将继续推动智能手机平台的开发工作。根据研究公司 IDC 的数据，在 2019 年，按出货量计算，亚马逊是全球排名第四位的平板电脑制造商，仅次于华为、三星和苹果。

3. 平台（渠道）

通过 Kindle 平台的个人图书馆，亚马逊公司可对读者行为与偏好进行分析，从而实现精确的内容导购及其他个性化服务，为读者提供方便。此外，亚马逊公司也加强了与图书馆的合作。2011 年，亚马逊推出了 Kindle Owners' Lending Library 服务，拥有 Prime 会员资格的 Kindle 用户可以每月从图书中免费获得大量图书馆的书籍，读者可以从各种类型的小说和非小说类图书中借书，也可以从各种出版商那里借书，而且没有还书的截止日期，Prime 会员无须额外付费即可使用借阅图书馆服务。同时该服务还支持笔记、批注等功能，书本归还后，读者的笔记还能被数据库短期保留，以便下次出借或将来购买所用。当读者想借一本新书时，可以直接从其 Kindle 中退回旧书。2020 年，亚马逊还与美国数字公共图书馆商议，让亚马逊的电子书内容可以在公共图书馆使用。

亚马逊公司依靠海量数字内容，不断对内容进行整合，并捆绑硬件设备传播数字内容，打造从上游作者、出版社到下游平台、硬件甚至读者的合纵策略发展模式。

（二）日本乐天集团：内容 + 终端

日本乐天集团是日本最大的电子商务公司之一，拥有七千多万用户。2011年 11 月，乐天集团斥资 3.15 亿美元收购同样在电子书阅读器领域具有强大实力的加拿大电子阅读器制造商 Kobo，并通过收购在全球增加了 500 万潜在用户。通过其 2012 年 7 月推出的日文版的 Kobo 阅读器，为用户提供电子图书阅读，通过硬件与内容的整合效应来推动移动阅读业务的发展。2020 年，乐天集团不仅电子书和阅读器总营收持续增长，另如阅读时间、阅读数量、购书数量、购书经费四大指数皆有提升。其先后推出四大新服务与功能上线，不仅推出 6 英寸电子书阅读器 Kobo Nia，也添加了 Dr.eye 译典通英汉字典功能，拓展了实体体验店，增加了中文有声书内容。

二、新媒体环境下的图书馆移动阅读服务模式

移动阅读服务是指基于移动互联网环境下用户的阅读需求及阅读目的，借助移动设备和媒介，为用户的阅读活动提供的一系列阅读服务，而移动阅读服务的模式则直接关系到用户的满意程度。

根据移动阅读的主客体，可以将新媒体环境下的图书馆移动阅读服务模式分为以下几种。

（一）主动服务模式

图书馆主动服务模式是指图书馆根据用户的需求，通过移动终端主动向用户推送、发布、提供的移动阅读服务。

1. 短信模式

短信模式又称为 SMS 模式，图书馆通过查看读者借阅证或校园卡获取用户

联系方式，并关联至图书馆服务系统中，主动向用户发送短信，提供借书到期、预约到馆、开馆时间、讲座通知公告、新书通报等服务内容。

2. WAP 模式

WAP 就是无线应用协议（Wireless Application Protocol），也就是无线互联网协议的简化。它将移动电话技术与互联网相结合，可随时随地对互联网络资源进行访问。

WAP 服务是指图书馆开设的 WAP 网页，可供用户随时随地通过移动设备登录，获得自己需要的图书检索、使用数据库、个人信息等服务。移动图书馆 WAP 服务是各种服务方式中最为全面的一种方式。

（二）被动服务模式

被动服务模式是相对于主动服务模式而言的，是图书馆接收到用户的阅读需求，如咨询、预约等，通过信息处理、整合，进而为用户以回复的方式提供移动阅读服务的方式。常见的形式有回复用户的书目查询结果、回复参考咨询、对图书馆座位预约结果等进行反馈。

（三）交互式服务模式

"交互"一词来源于计算机用语，指参与活动的对象可以相互交流与互动。图书馆移动阅读交互式服务模式是指，在移动阅读服务过程中图书馆与用户可以进行探讨、交流，然后图书馆根据用户的需求不断地修正、推送，直到用户满意为止。

1. 微信模式

微信是由腾讯控股有限公司于 2010 年筹划启动的一个互联网项目，由腾讯公司 CEO 马化腾亲自为这款软件命名。起初对该软件的定义是"一个提供即时通信服务的应用程序"，后来因为社会人士对其通信功能和社交媒体的特性以及其常驻的内存机制的认可，在短时间内吸纳了各个通信软件的用户群体，渗透了几乎所有的手机用户。在使用微信的过程中，人与人之间的交流模式是 P2P 模式，人们通过这个软件可以随时进行平等的双向信息交流。后来随着使用群体的扩大，人们对功能的要求逐渐变多，用户开始提出了"点对多"的服务要求，于是出现了微信群聊、朋友圈互动以及微信公众号粉丝互动等新的互动模式。微信公众号服务在 2012 年 8 月开始作为微信的附加功能被投入使用，这是腾讯公司在自媒体模块的一次伟大尝试。通过这个线上平台，个人或机构、企业都可以申请各自的微信公众号来运营自己的自媒体平台，编辑和发布信息资源，促进线上线下的交互。总的来讲，微信迅速扩张的用户群体和稳定的使用时间为移动阅读服务推广创造了独一无二的平台，同时，微信公众平台以其新颖的用户体验、低门槛的接入方式，迅速成为图书馆移动阅读服务的新模式。

微信公众号可以被分为四种类型：服务号、订阅号、小程序和企业微信（原企业号）。其中，服务号的主要功能为服务交互，每月可以向用户群体发送 4 条消息，多适用于媒体、企业、政府等组织。订阅号主要用于信息传播，功能类似报纸杂志，每天可以向用户群发 1 条消息，主要适用于个人、媒体、企业、政府等。小程序属于轻应用的一种，开发者可以利用小程序在微信内开发一个可便捷获取传播的应用。企业微信则多用于企业内的专业办公管理。从创建难易程度和功能性需求来看，大多数图书馆将自己的微信公众号建立为服务号或订阅号。这两种类型的选择主要取决于图书馆对自己微信公众号的定位，注重分享信息资源选择订阅号，想要提供更快捷的服务则选择服务号。

微信公众号基于微信这一线上社交软件，拥有诸多线上服务的优势。首先，基于拥有庞大用户群体的社交平台微信 App，微信公众号平台本身就拥有了一定的用户基数。其次，作为全天开放的线上平台，微信公众号提供的服务不受时间和地域的限制。再次，微信公众号有较强的用户互动性，平台建立者不仅可以通过预先设定为用户提供自动回复，还可以通过对话功能与用户进行即时沟通。最后，微信公众号可以通过对用户群体的调查分析，有针对性地向用户提供服务，使用户获得个性化的服务体验。因此，图书馆利用好微信公众号开展线上服务，能够拥有用户基数大、不受时间地域限制、互动性强、便于了解用户群体构成等优势，能够打破原有的空间和时间局限，有效提高图书馆线上服务的质量和效率。

在信息时代的背景下，读者用户的服务需求不再局限于传统的线下服务，更加灵活、自由、高效的线上服务无疑更能满足读者的服务需求。图书馆作为一个生长着的有机体，必须不断加快脚步，跟上时代发展的步伐，满足新时代高科技背景下读者新的需求。微信公众号作为一个有较长发展时间、成熟、有庞大用户基础、能承载诸多服务和交互功能的移动服务平台，无疑非常适合承载图书馆的线上服务工作。将微信公众号作为图书馆为读者用户提供线上服务的基础平台，让图书馆在信息时代背景下实现为读者提供优质的线上服务，符合图书馆服务走上高科技、网络化、数字化道路的未来趋势。

在微信公众号与图书馆管理系统建立连接的服务模式中，相关工作人员应当定期整合图书馆自身管理系统，使微信公众号服务平台具备图书检索、借还等服务功能，提高读者借阅图书的效率以及图书阅读的便捷性。对于新用户，微信公众号服务平台中还可以增设图书馆楼层分布与图书馆相关介绍等功能，帮助新用户了解图书馆图书资源的相关情况。在微信公众号咨询服务中，设置人工服务对话方式，及时回复用户关于图书馆服务的问题，能够提高图书馆服务模式的质量。设置图书馆微信公众号推送服务的频率，将推送时间设置在白天的统一时间段内，能够保证推送服务的规律性。

2. 微博

微博，即微型博客（Micro Blog）的简称，是一种基于内容与兴趣而被用户关注的信息分享、传播以及获取的平台。该网络平台除了具有使用门槛低、粉丝获取容易的特点，还有传播速度快的特点。微博作为图书馆的信息发布平台，主要负责馆内通知、资源推介、活动公告等信息发布工作，也能以发布长文、图片、视频，直接互动等形式提高自身的传播力和吸引力。

图书馆利用微博开展信息资源服务，一方面，可以创新信息获取的方式，促进用户利用文献信息资源，提高资源利用率，实现即时便捷的服务；另一方面，能够增强图书馆与用户之间的互动，更好地满足用户需求，实现自身价值。因此，图书馆要紧跟时代潮流，利用好微博这一社交平台更好地为广大用户服务。

在信息共享方面，图书馆工作人员应当定期根据社会热门话题的变化，积极转发、评论与本馆相关的书评推荐、电影推荐以及新闻等，通过微博平台，与其他图书馆之间建立资源信息共享，引导用户积极参与微博话题，探讨图书信息等内容。在咨询互动方面，图书馆工作人员应当时刻关注用户提出的相关问题与建议，针对用户提出的图书相关问题开展互动，积极传播图书馆的正能量形象。

微博服务模式的推送时间和推送频率与微信服务模式存在不同，笔者建议一天推送 1 ~ 2 条内容，为广大用户提供更加具有价值的信息与服务，通过图书馆微博服务模式与用户实现良好的双向沟通。

3. App 模式

App 是 Application 的简称，指第三方应用程序，在实际应用中，需要图书馆发布 App 客户端，供读者在手机等移动设备中安装，而后图书馆通过该 App 提供信息服务。移动阅读 App 作为移动阅读中信息传播的载体，为读者提供了文字、视频、音频等阅读服务，已经成为移动阅读最重要的服务模式。

（1）App 模式的应用基础——移动阅读 App

第一，移动阅读 App 的概念。我国国家互联网信息办公室在《移动互联网应用程序信息服务管理规定》中将 App 定义为：通过预装、下载等方式获取并运行在移动智能终端上、向用户提供信息服务的应用软件。

App 最初来源于手机中简单的内置游戏，作为使用者无法对其进行删除或下载。终于在 2008 年，美国苹果公司对外发布苹果应用开发包，开发包是 App 建立的开发工具的集合，随后各种 App 开始争先出世。由此，属于手机 App 的时代正式开启。苹果 App Store 上线至今，各类 App 呈指数级快速增长，形成了如今数量庞大、丰富多样、功能强大的 App 市场。随着移动终端的不断革新和通信技术的发展，人们的许多需求和服务都转至线上，以各种各样的 App 形式呈现。其中，人们的阅读需求乘着 App 发展快车延续下来，移动阅读 App 由此诞生。移动阅读 App 作为人们生活中获取知识、信息的重要工具之一，作为一款产品至今已经受到广大用户的青睐，作为研究对象已有众多学者提出研究成果，国内移动阅读与移动阅读 App 已经进入一个崭新的时代。

第二，移动阅读 App 的分类。移动阅读 App 随着众多手机 App 一同发展至今，已经形成了不小的规模。按照 2021 年中国互联网络信息中心发布的第 48 次《中国互联网络发展状况统计报告》的标准，可以将应用市场上的 App 分为以下几种。

①基础应用类 App。主要包括：通信社交类 App，如 QQ、微信是现今网民最常使用的即时通信应用；搜索引擎类 App，如百度、头条搜索、夸克搜索等为用户提供了更加细致的服务；网络新闻类 App，如人民日报、央视新闻、今日头条等为用户提供了实时更新的新闻信息；在线办公类 App，如 Zoom、腾讯会议、钉钉等近几年得到了持续发展。

②商务交易类 App。进行线上交易的 App 包括以下几种类型：网络支付 App，如国有银行；网络购物应用 App，如京东、淘宝；网上外卖类 App，如美团、饿了么等；在线旅行外出预订 App，如携程、途牛等。

③网络娱乐类 App。网络娱乐类 App 包含的种类多样，包括但不限于以下几种：抖音、快手短视频，爱奇艺长视频等网络视频类 App；网络直播、网络游戏、网络音乐、网络文学等类型的 App。

④公共服务类 App。网约车 App、在线教育 App、医疗 App、理财类 App、地图 App 等服务于生活的 App 极大地为人们实现丰富生活提供了便捷，助推了人们数字化、科技化生活的发展。

由以上分类可以看出，手机 App 如今已经参与到社会的各种服务中，融入了生活的各个细节。对移动阅读 App 来说，由于移动阅读的内容、形式复杂多样，移动阅读 App 可以从多个角度进行划分。

按在线读书行业的市场参与者来说，基本可以分为四类：首先是专注开展在线阅读业务的企业，通过搭建自有阅读平台、整合内容资源、获取用户流量，开展阅读业务，典型代表为掌阅科技。其次是互联网巨头，通过自研或收购互联网文学网站、阅读类 App 产品，获取内容和分发平台，并利用自身的大流量特点带动阅读业务发展，典型产品为腾讯公司旗下阅文集团的 QQ 阅读 App、起点读书 App 和微信读书 App，阿里旗下的书旗小说 App 等。再次是现阶段腾讯音乐、爱奇艺等网络内容生产企业凭借自身的用户流量优势，持续开拓在线阅读的有声化、影视化市场，现已形成一定规模。中国移动、中国电信也分别推出了咪咕阅读、天翼阅读等。最后是其他参与者，如从硬件切入，像小米的多看阅读、上海元聚网络的追书神器等；也有从电商平台切入的，如京东阅读。总体来说，当前在线阅读市场的竞争格局分明，巨头优势显著。随着行业发展进入成熟阶段，头部企业扩大业务版图，互联网巨头纷纷入场，行业竞争点或将逐步转移至优质内容争夺上。

按照收录内容类型划分，可分为五类：①以电子出版物和网络小说为主体内容，如掌阅、微信读书等；②有声阅读类，如喜马拉雅FM、懒人听书等；③漫画类，如腾讯动漫、网易漫画等；④学术科技类，其内容多适用于学术研究，如超星、百度文库等；⑤其他类，即不属于上述范围的 App。

第三，移动阅读 App 的特征。在实际使用移动阅读 App、网络调查相关数据、咨询使用用户后，笔者总结归纳出移动阅读 App 具有以下几点特征。

①内容类型多样，数量充足，内容质量有待提升。现今阶段的移动阅读 App，内容资源不在少数，像 QQ 阅读 App 的平台资源已经突破了 1000 万，起点读书 App 目前在册数量达 110 万。移动阅读 App 的资源类型也多种多样，例如，掌阅 App 拥有出版书、原创文学、有声读物、学习课程、漫画等多种类型的内容，当当云阅读 App 汇聚了电子出版物、有声书、网络文学、漫画等，而有些阅读 App 在此基础上又划分了二级类目、三级类目或其他标签，方便用户查找。

②个性化与社交化普遍。许多移动阅读 App 都有自定义阅读页面的功能，用户可以根据个人喜好进行设置。例如，可以将书墙模式、背景颜色、字体字号等设置成自己喜爱的形式。相比之下，传统纸质书是难以根据众多用户的喜好进行随时服务的。根据用户平时感兴趣的词条、标签、类型，许多移动阅读 App能够根据浏览记录、历史搜索推荐相似类型，如猜你喜欢、今日推荐等。当前，

大部分移动阅读 App 提供社交的功能，使用者在阅读过程中可以随时评论交流，互加书友。微信读书 App 是社交化的典型代表，虽然上线时间不早，但其依托于微信庞大的社交关系群得以快速发展。在微信读书 App 中，好友间可查看对方的读书情况和书架、赠送书籍、发布好友阅读时长进行比拼，由成就感促进更多的阅读，使得阅读的过程具有趣味性。

③有声阅读成热门。自从有声阅读发展以来，许多以往只有"眼动"服务的移动阅读 App 都陆续增加了听书功能，并且朝着更丰富的方向发展。移动阅读 App 的听书功能不仅能服务到更多的场合，更是服务到了更广泛的人群，尤其是视障人士、老年群体、文盲、幼儿等特殊群体。另外，有声 AI 阅读也陆续发展起来。此外，有声阅读的解说也使得一些难以理解的书籍或古文受到更多人的关注。

④付费阅读较多。这类移动阅读 App 一般都是一开始提供部分内容的试读，后面的内容则需要付费才能阅读，如 QQ 阅读、掌阅等 App。近几年，免费小说 App 开始陆续出现，一部分用户有所转移。如今"付费 + 免费"的阅读模式已成为主流之势。

⑤商业化网络文学居多。市场上网络文学类 App 占多数。一方面，这些移动阅读 App 出现了大量的广告，尤其是主打免费的移动阅读 App，有的甚至阅读两三页就会出现一个广告，这严重影响了用户体验。另一方面，一些视频类 App，如爱奇艺，也推出了相应的阅读 App，它将当下火爆的小说改编的影视剧与原著结合起来进行合作营销，而由小说改编的影视剧，其质量还有待考究。

（2）App 模式的发展策略

笔者根据阅读市场上多款移动阅读 App 的实际调研结果，针对 App 模式的创新性发展提出几条概括性的对策建议。

第一，从移动阅读 App 开发者的角度出发，概括出以下几点发展建议。

其一，重塑多样化的阅读方式。科技对阅读的塑造在于书籍载体和阅读方式的变化，从古代的泥板书、纸莎草书和竹木简牍到现代的电子书，书籍制度的变迁与阅读的便利性是相互促进的关系。随着经济文化的发展、科学技术的进步，知识信息的传播速度越来越快，书籍的载体形式随着时代的发展而改进，书籍制度的变迁也进一步促进了经济与文化的发展。人类社会上每一次关于书籍制度的科技进步都大大地促进了知识文化的传播交流，另外，造纸术和印刷术的发明也使知识生产和传播的效率大大提高。随着科学技术的发展，未来将会有很多不一样的书籍形态，书籍制度和阅读方式仍会随着时代的发展而改变，如现在的立体书、音像书、电子书等。无论如何，不管是什么形态，它们的功能都是一样的，即便于阅读和传播知识。进入 21 世纪以后，阅读也进入"读屏时代"，移动阅读的模式已经发生了很大的变化，移动阅读方式越来越多。

在 5G 时代，5G、AI 和 AR 等新技术会重新塑造移动阅读形式。目前，5G、AI 和 AR 等技术在移动阅读领域的应用较少，层次较浅，仍有较大的想象和发展空间。如现在基于 5G 技术的无损音质听书、基于 AI 算法的智能推荐和基于 VR /AR 的电子书都是层次较浅的技术与阅读的结合，未来应该有形式多样的新型阅读方式。在 2020 年召开的中国数字阅读云上大会上，咪咕数媒设置了云上 VR 书店、5G 体验区和云上 IP 馆等内容板块，各内容板块全方位展现了 5G 技术给移动阅读带来的新变化。未来 5G 将会重塑多样化的移动阅读方式，带给读者不一样的阅读体验。在此背景下，应该更加重视新技术的应用，重塑多样化的阅读方式。

其二，加强内容资源建设。内容是阅读的核心，是最基本的功能所在。从单纯的商业盈利角度来看，作为新型媒介的移动阅读 App 吸引用户、提升体验的手段存在多种角度和方法，或许内容不是其中最关键的。从相关的调查结果中可以看出，这部分用户对内容质量的呼声远高于其他方面。所以，加强内容资源建设不仅从理论上回归了阅读的本质，而且在商业上符合相当一部分用户群体的需求。用户在移动阅读 App 上的资源需求可以大致概括为两类：一类是传统纸质出版物的电子版；另一类是定期更新或直接在网络上发布的网络出版作品，以及运营商提供的多种其他形式的内容产品，如书评、论坛、讲座、知识圈等。使用方面主要有两种用户：一种是特意查找某本书的人，另一种是在浏览中寻找所感兴趣的新型电子书的休闲或学习的爱好者。因此，移动阅读 App 需要针对多种市场角度发挥自身优势，关键是要有针对性、有特色地开展平台内容资源的建设工作。

①改善内容质量，保证优质读物。借由商业移动阅读 App 的例子进行具体说明。由相关评价结果来看，"樊登读书"是 DEA（数据包络分析模型）有效集合中内容质量评价分数最高的，该 App 中的书籍是经过行业大咖、专业人士层层筛选后提供给用户的，尽力将内容质量方面做到了最好。无论移动阅读 App 怎么发展，"内容为王"始终是其主题和重心，内容的质量和数量一直是备受重视的话题。

移动阅读 App 开发者应积极响应国家阅读号召、关注阅读市场动态、了解用户在时代变化下不同的阅读需求，层层把关，引进真正的优质内容，从而使用户保持对阅读 App 的满意度和感知有用性。同时，目前网络文学的发展不可忽视，对于一些备受用户喜爱的优秀网络作品也应划入考虑范围。一方面，可利用签约作家、建立作者培训制度等方式，及时发布优秀的互联网原创小说；另一方面，可以与多个文化娱乐领域合作。

②坚持提升文本资源丰富度。针对调查中用户反馈的低质量内容过多、想要的资源找不到的问题，对应的改进建议是丰富图书资源。在移动阅读 App 运营的早期，平台上充斥着大量用来充数的低成本、低质量的资源。相关研究表明，这一问题的本质并不仅仅是这类资源本身过于繁多，而是有吸引力的头部优秀作品不足，也就是整体资源不够丰富。未来发展中只要进一步丰富作品种类，便可以稀释垃圾作品所占用户注意力的比例，当读者在寻找资源时，也就不再满眼都是这些低劣的内容，使用体验便相应提高了。

相对于传统阅读方式，便捷是移动阅读的主要优势，用户不再需要费时费力购买、借阅实体图书。然而，如果某种图书已经有了面向全社会的实体出版物，但当用户慕名前往移动阅读 App 内查找时却发现没有资源，这种失望感导致的体验评分降低是很大的问题。这一问题的关键就是其失去了移动阅读取代实体书阅读的便捷性这一优势。借由商业移动阅读 App 的例子进行具体说明。作为传统出版物电子化领域的市场龙头亚马逊公司，它自身不仅拥有繁多的电子书内容资源，而且开发了专为优化电子书阅读体验的文件格式，但问题是其提供的内容更多的是新近出版的、热度较短的畅销书，而出版时间较早的一些经典作品资源仍然缺乏。因此，有这部分需求的用户大多只得去寻找盗版资源，间接给版权领域造成了不小的冲击。相关调查显示，知识工作者这一群体并非全然不愿付费购买，而是很多时候确实在平台上找不到所需的资源。所以若能调查出电子版需求较大的经典书籍并与版权方合作，上架至移动阅读 App，将会是一个重要的卖点。反观图书馆移动阅读 App 移动阅读服务模式的构建，资源丰富的关键不仅在于数量多，而且在于符合需求，内容多、基础资源全、各类读者的需求都能得到满足，这才是移动阅读 App 在传统电子化阅读领域的核心竞争力。

相关调查问卷中，低质量内容过多的回答反映了当前移动阅读 App 优秀内容不足的现状。对于网络作品的爱好者而言，他们多将移动阅读看作一种休闲娱乐的方式，阅读内容也以网络小说为主。此时移动阅读的优势体现在可以快速地检索到自己喜欢的内容，不再具有实体书固定的特点，即浏览挑选的便捷性。丰富、优秀的资源是这些用户对移动阅读 App 内容的核心诉求，相关管理者也非常重视资源建设。

作为数字化产品，移动阅读 App 具有并区别于传统实体出版物的优势是信息流动上的便捷性。对于重视数字化使用体验的用户，网络给阅读带来的附加内容就是其最主要的吸引力，平台需要有专门的团队来重点运营，形成特色。如豆瓣最初是书评网站出身，转型的移动阅读 App 具有先天优势；知乎利用其广大专业用户群体开办"盐选"专栏；藏书馆主打 P2P 共享与借阅也形成了独特的作品范围，流通了很多因版权问题难以在中心化 App 里上架的书籍。丰富和独家不仅是指图书资源本身，也包括这些附属内容，移动阅读 App 要充分发挥网络的优势，形成平台特色。

③加强内容呈现的多媒介表达。移动阅读 App 数字化的优势使其可以便捷传播多种信息形式的媒介，可以在表达上实现多样化。除了传统书籍中的图片和文本，音频和视频均能够方便地呈现在用户面前。此外，还有评价、论坛和读书会等互联网特有的空间。所以，多媒介叙事完全可以作为内容建设的一个新角度，在资源库建设中通过发挥这种优势来加工、整合、深入发掘，优化传播效果，提升用户观感。

在资源加工方面，同样的内容加工成不同形式的信息来表达，作者可以选择合适的媒介来优化作品，读者也可以选择喜欢的方式来使用。典型的就是音声听书，既强化了文字的情感表达，也解放了用户的手和眼，将阅读变成了一种更休闲的体验。知识领域带有视频或互动功能的讲解形式，更进一步的还有讲座和直播，这些形式强化了传播效果，也对应了相关调查问卷中部分用户的广泛涉猎的学习需求。这些形式介于浅薄和晦涩之间，既通俗易懂又有深究的路径，可以满足各层次的人群。在"使用者获取移动阅读 App 途径"的调查中，可以看出由外部宣传获取的比例并不高，因此还可以考虑将书籍内容制作成相关的视频或短视频等广为流行的传播形式，利用其更强的传播力来起到对作品和平台的宣传作用。

在资源整合方面，将同一话题不同形式的作品进行整合，使得内容在多个作品之间表达更加丰满，也是一种有效的营销手段。笔者通过调查发现，查找资源的问题是用户体验的重要限制因素，多种形式的多种作品经过整合后形成清晰的脉络，能给用户带来极大的方便。传统的办法是对小说、漫画、电影、电视剧资源的简单整合，新型的方式则是将书籍节选放在一些问题的回答中，利用问答业务，收到很好的推广效果。还需要完成对知识阅读方面各领域的科普文章、书籍、笔记、讲座等的整合，进一步使用户查找资源更加便捷，形成成体系的作品群，完善作品内容的表达，丰富用户的体验。

在资源深入发掘方面，利用互联网的特点对作品进行再创作，主要是指同人的创作和交流，给作品和粉丝带来新的活力。早期的同人作品是在公开论坛中粉丝自发的行为，其环境有很大的局限性。移动阅读 App 发展至今，平台可以开发相关专项业务，不仅运营同人论坛，还可以发挥作为官方的优势，组织同人直播以及开办读书会，给优秀的同人创作和粉丝提供更好、更广阔的空间。

其三，优化界面设置，提高整体印象。当今用户对阅读的需求不仅仅止步于内容的获取、多样化的功能上，视觉体验感也影响到用户的去留和选择。在内容和功能等多方面都处于同等条件下时，视觉体验感好成为重要的竞争优势之一。

笔者通过调查发现，大部分用户对整体简洁明了、设计美观、没有广告的界面表达了认可，对设计潦草、不具美感、排版杂乱、繁多广告的界面没有好印象，用户使用意愿明显降低，评价不高。借由商业移动阅读 App 的例子进行具体说明。如今适度的广告加入是阅读市场难以避免的运营模式，但广告充斥过多，阅读时页面正中间突然出现广告会使用户的阅读受到干扰，阅读体验变差，进而影响用户的评价。

其四，开发多种功能，增强用户参与度。作为一款移动阅读 App，首先必须保证对用户基础功能的服务。在新的时代环境下，阅读 App 的图书导入、格式兼容、网络传输、智能推荐、个性主题、社交互动、云端同步等基础功能是移动阅读 App 必不可少的功能，如果连最基础的功能都不具备，很可能成为首批被淘汰的对象。

当下，音视频软件受到热烈欢迎。以听的方式进行阅读受到很多用户的喜爱，有声资源的开发已经受到了很多阅读 App 的重视，但个别 App 还未提供有声阅读服务。笔者通过调查使用发现，一方面，阅读 App 的有声化内容大部分是小说，关于文学优秀经典读物的还是比较少的。另一方面，部分阅读 App 使用 AI 的方式朗读，声音不够有感情和自然，难以与用户产生共鸣。还有声音与内容风格不搭等问题，这容易让人产生不适的感觉，听书过程完全失去了愉悦与享受。

还有一些兴起的特色服务是值得适当参考借鉴的。以部分商业移动阅读 App 为例，起点小说设立了作家专区，为用户提供了自己写小说的功能；豆瓣阅读 App 开设的开放写作征文大赛；当当云推出了"长辈版"，为更多用户群体提供更细致的服务。这些活动都能为用户提供更多平台服务，吸引更多用户参与进去。深入对社交化、智能推荐的探索。微信读书 App 是社交化服务的典型，其社交模式值得借鉴。目前微信读书 App 的智能推荐还有待改善，推荐内容往往并不精确，而且推荐内容的质量也不一，其他阅读 App 也不同程度地存在此问题。

其五，增加反馈交流渠道。移动阅读 App 作为一款服务于用户的产品，紧紧围绕着用户的阅读需求来发展，所以必须将用户的需求、用户想要的服务放在第一位。笔者对众多阅读 App 进行调查、使用后发现，使用者在遇到问题时无法找到类似电商平台的人工客服，无法及时进行意见反馈，用户对使用 App 的阅读感受、问题、建议等的反映渠道尚不健全。一些具体有关 App 内部的细节问题往往不能得到好的回答，淹没在众多评论之中，这无疑会使现有用户群体的满意度下降，并且造成用户流失的负面情况。

以部分商业移动阅读 App 为例。网易蜗牛读书开设了微信、人工客服、微博等反映渠道，这些渠道能够将用户使用中遇到的各种疑问进行及时的反馈，不过对于问题处理的进度、及时性等无法给予用户更多的应答。咪咕阅读 App 的"缺书登记"功能赢得了使用者的好感。京东阅读则是既可以看书又可以管理书，用户可在引擎内对内容进行纠错，修复完成后将通过站内信反馈给用户。百度阅读 App 设有用户 QQ 群、贴吧、邮件等反馈渠道，但缺乏线上客服。所以，移动阅读 App 应该增加更多的用户意见反馈渠道，同时务必保持有效的人工反馈，还要注意移动阅读 App 的点评内容。

其六，健全版权保护制度。随着国家对文化产业重视程度的加深和版权贸易的快速发展，我国需要建立健全知识产权保护制度，尤其在与移动阅读相关的网络文学领域，抄袭侵权的现象严重。完善的版权保护制度是移动阅读服务健全与完善的前提条件。移动阅读 App 也应在内容生产和传播的各环节加强审查。

第二，从移动阅读 App 用户的角度出发，笔者概括出以下几点发展建议。

其一，主动反馈，及时交流。用户与移动阅读 App 的交流应该是相互的。只有移动阅读 App 开设多种途径接收问题是不够的，作为使用者，也要积极地进行反馈。笔者通过对使用阅读 App 的用户进行调查访问发现，一半左右的用户从未对移动阅读 App 有过评价行为，对于出现的问题通常只是默不作声，选择放弃。用户将自己在使用过程中遇到的疑问和想要的服务进行积极的反馈，能够帮助用户和开发者探索更多新的功能与服务。

与此同时，阅读类 App 应该积极配合，对用户提出的问题做出及时回应。用户通常对使用的 App 产生明显的不满意后，会直接选择尝试其他图书馆的阅读 App，而问题依然存在，本馆的移动阅读 App 也得不到改进。用户应积极反馈，不要懒于反馈，更不要因为反馈没有得到回复或满意的解决方式就放弃反馈。平台与用户之间这种积极的、适度的相互反馈一方面能够更好地促进平台改进，另一方面能够使用户获得良好的体验。App 开发者与用户的反馈交流应该是一个动态交互的过程，通过不断的交流和回答优化各种服务，及时反馈的同时为用户解决了阅读障碍，共同促进阅读行业良性发展。

其二，实事求是，理性评价。笔者通过分析相关用户评论，发现有的用户的评价分值与问题反馈的态度呈现对立状态；还有一些用户将自身操作原因转移至移动 App 的不足和缺陷上，描述该问题后给出了较低的评价；或者只是出于阅读 App 设置的福利活动而随意打了分，没有将真实、全面的评价反馈出来。用户要想从阅读 App 中获得更好的体验，需要从产品使用者的角度出发给出真实、可靠的评价，这对 App 开发者来说是第一手的参考资料。同时，用户要注意应在充分了解 App 的情况下，提出真正有用的评价。

总的来讲，从移动阅读服务的角度出发，商业性质的阅读 App 很难满足读者的需求。因此，图书馆应根据自己的馆藏特色和读者的移动阅读服务需求去研发或开通 App，为相关读者提供阅读服务。

第六章　新媒体环境下图书馆阅读推广服务模式

新媒体环境下，图书馆阅读推广服务能够培养人们的阅读兴趣，满足全民阅读的时代发展要求。图书馆阅读推广服务创新是图书馆实现服务优化的本质要求，也为图书馆阅读推广提供了新的方向，能够全面提升图书馆的服务水平。本章分为图书馆阅读推广概述、图书馆阅读推广服务的特点及完善途径、新媒体环境下图书馆阅读推广服务模式的创新三部分。主要包括图书馆阅读推广的相关概念、图书馆阅读推广服务的特点、图书馆阅读推广服务理念创新等内容。

第一节　图书馆阅读推广概述

一、图书馆阅读推广的相关概念

（一）阅读推广

阅读可以帮助人们开阔视野、拓展知识面、增强自我素养，从而更好地认识世界和改造世界。近些年，人们也越来越认识到了阅读的重要性，国家和社会也在积极倡导阅读，而阅读推广活动就是在此背景下产生的。

"阅读推广"源自英文的"Reading Promotion"一词，是一种新型的图书馆服务，是一种由图书馆规模化组织和引导读者参与阅读活动、与读者进行互动的阅读过程。也可以从狭义和广义两个角度对阅读推广进行解读：狭义的阅读推广是指围绕某一文化阅读主题开展的具体阅读活动；广义的阅读推广则是指以"阅读"为中心而延展的各类文化活动和事业。但是，无论是狭义还是广义，阅读推广的核心内容都是文化和阅读类的活动。

（二）全民阅读推广

书籍是人类进步的阶梯。阅读是人类汲取知识、增长智慧的最重要方式，直接影响着一个民族思维的深度和广度，对文化传播和国家发展都有重要意义。1972 年，联合国教科文组织提出"学习型社会"的概念，并向全世界发出"走向阅读社会"的号召。1992 年，提出"全民阅读"概念。随着"倡导全民阅读"被多次写入国务院政府工作报告，国家广播电视总局提出：全民阅读是以政府为主导、凝聚全社会参与之力，通过推动阅读内容资源、阅读设施、阅读服务的建设发展和全面覆盖，保障公民平等享有阅读权利；推动公民培养阅读习惯、提高阅读能力，通过阅读优秀内容实现人的现代化，从而推动文化的传承、融合、创新与发展，进而推动文化发展与经济发展相适应。

自 2014 年以来，"全民阅读"连续 9 次被写入政府工作报告。自首次提出"倡导全民阅读"到 2022 年提出"深入推进全民阅读"，足以看出全民阅读在这 9 年里的发展历程以及这些年来国家全民阅读开展工作的成效。《全民阅读"十三五"时期发展规划》中明确提出"大力推进全民阅读进农村、进社区、进家庭、进学校、进机关、进企业、进军营，使阅读活动真正深入基层、深入群众"。2017 年《全民阅读促进条例（草案）》在国务院的审议下通过，条例第十三条指出：鼓励和支持车站、机场、码头、游客中心、宾馆、银行、医院、青少年阅读活动场所等公共服务机构和场所，以及列车、地铁等公共交通工具，设立向公众开放的阅读设施，提供阅读服务，并明确管理和维护责任人。该条例从法律的角度推动了全民阅读建设，且更加具体地提出了建设公共阅读空间的要求。2018 年 1 月，国家新闻出版广电总局发布的《关于开展 2018 年全民阅读工作的通知》明确指出：积极推进城市书吧、社区书屋和职工书屋等新型阅读空间建设。该文件的颁布为各省市积极建设各类城市书房、社区书屋等市民家门口的公共阅读空间提供了有力的支撑。《中国图书馆学会关于开展 2020 年全民阅读工作的通知》提到该工作的重要任务是"推动全民阅读，促进知识的创新与传播，为提高国民科学文化素质，建设学习型社会发挥作用"。2021 年 3 月，《中华人民共和国国民经济和社会发展第十四个五年规划和 2035 年远景目标纲要》第三十五章第二节完善公共文化服务体系部分也明确提出"要深入推进全民阅读，建设'书香中国'"。2021 年 6 月，文化和旅游部发布的《"十四五"文化和旅游发展规划》提出，要推进公共图书馆功能转型升级，适应高质量发展要求，推动公共图书馆向"以人为中心"转型，建设开放、智慧、包容、共享的现代图书馆，将公共图书馆建设成为滋养民族心灵、培育文化自信的重要场所。可见，全民阅读已上升到国家文化发展战略层面。

国家全民阅读是与个人阅读相对立的一个概念。个人阅读的群体化、社会化、全民化就是全民阅读。相对于个人阅读，全民阅读是社会整体的意志和行为，具有社会性、综合性、广泛性的特征。全民阅读就是给予全体国民享受阅读的平等权利，让每个公民都能得到通过阅读改变人生、实现梦想的机会，这既是文化生长的迫切需要，也是政府履行职能、服务大众、改变民生的重要途径。全民阅读是为提高国民文化素养和弘扬中华民族优秀传统，而由全体国民参与的阅读推广活动。

在全民阅读活动的引导与推动下，各地政府根据自身情况纷纷出台了响应全民阅读活动的相关政策，大力推动区域内公共文化基础设施的建设，城市公共阅读空间在这期间内快速兴起，并在不断实践中创新发展，为全民阅读活动的有序开展提供了很好的平台。一些社区书屋、市民书房、市民书吧等在设施方面开始呈现了以人为本的特点，受到了市民的广泛关注。一些机构、企业等开始探索更加人性化的新型公共阅读空间，有力推动了公共阅读服务融入社区居民的生活中。2021年4月，在全国公共文化领域重点改革工作总结部署会议上，明确提出未来要着力构筑公共文化新型空间，及时总结"城市书房""文化驿站"等经验，指明要创新发展新型阅读空间。这充分说明，建设新型公共文化空间是国家未来推动全民阅读建设的重点领域，各省市正在建设的这类新型公共文化空间还需加大力度。

随着全民阅读活动如火如荼的展开，阅读推广作为"全民阅读"的重要举措开始逐渐走进大众视野。阅读推广已经成为全社会广泛参与的事业，其中图书馆是最主要的阅读推广服务主体，出版机构、书店以及一些专业阅读人员也逐渐参与到阅读推广活动中，成为阅读推广活动的重要主体。《全民阅读"十三五"时期发展规划》中明确提出：鼓励和支持文化团体、教育机构和其他社会组织开展阅读推广并提供公益阅读服务；成立各级全民阅读促进协会；要汇聚相关部门、群团组织、阅读推广机构、出版发行单位、公共图书馆、基层阅读组织、知名作家学者以及其他热心全民阅读推广的社会人士，组建各级全民阅读促进协会，开展全民阅读推广工作。在文化和旅游部印发的《"十四五"公共文化服务体系建设规划》中提出要加强与出版社、品牌书店、上网服务场所和互联网平台等的合作，联合开展阅读推广活动。这些政策的导向使原来以内容提供商为主要定位的出版机构也纷纷进入阅读推广领域，成为阅读推广主体。

（三）图书馆阅读推广

图书馆阅读推广是图书馆经过组织策划具有创意性的活动或服务，吸引读者从图书馆海量的图书资源中最终检索到自己感兴趣的图书资源，从而提高图书馆资源的流通性和利用率而进行的推广活动。这一定义首先对图书馆的阅读推广活动的创意性和策划性进行了强调，指出这并不是简单的图书推荐活动。其次，该定义也强调了阅读推广服务是将读者的注意力从丰富的馆藏资源转移到自己感兴趣的馆藏资源，这样有利于激发读者的阅读兴趣。这一定义强调了图书馆阅读推广服务的目的与其他行业存在不同，图书馆阅读推广的目的在于提高馆藏资源的利用率和流通率，最终目的是提升读者的阅读兴趣，培养读者良好的阅读习惯，提高读者的阅读能力。因此，图书馆阅读推广就是图书馆利用自身的资源，通过有创意性的策划提高馆藏资源的利用率和流通性，从而最终实现提高公民阅读能力、激发公民阅读兴趣、培养公民良好的阅读习惯所开展的一系列活动的总称。

图书馆阅读推广以图书馆为主体，通过向不同人群开展各种形式和内容的阅读、文化活动，使得参与活动的读者能够感受到阅读的魅力。图书馆阅读推广的特征在于公益性、互动性和文化传承性。首先，公益性是图书馆的基本特征之一，同样也是图书馆阅读推广的基本特征，以向读者传播文化、宣传阅读，最终以促进全民阅读为目的。其次，图书馆阅读推广应该注重图书馆馆员与参与活动的读者之间的互动性，让读者充分感受到阅读的魅力。最后，图书馆阅读推广的主要目标是推动全民阅读战略的实现，营造全民阅读氛围和良好的文化环境。

二、图书馆阅读推广的要素

图书馆阅读推广的要素主要有阅读推广的主体、客体、内容和方式四个方面。

（一）图书馆阅读推广的主体

图书馆阅读推广的主体，即阅读推广活动的发起者、组织者与管理者。全民阅读活动作为一项国家战略，需要集合全社会的力量共同推动实施。图书馆、出版机构、媒体、网络、政府及相关部门等是开展阅读推广活动和工作的主体。图书馆是阅读推广的重要组织者，图书馆利用特定的设施设备，设计相应的活动，对客体产生影响，从而培养市民的图书馆阅读意识，促进全民阅读。阅读推广是图书馆发展到一定层次、一定水平的产物，图书馆是阅读推广的重要主体。因此，阅读推广的主体不是唯一的，组织与个人都可以成为阅读推广的主体，而图书馆是必不可少的推广者。

（二）图书馆阅读推广的客体

图书馆阅读推广的客体，即图书馆阅读推广活动面向的对象。要认识到图书馆阅读推广所面向的人群，需要先对图书馆阅读推广的目的有一个明晰的认识。从阅读推广开展意义的角度来看，阅读推广的战略目标是提高人类文化素质，增强各民族的软实力，加快国家繁荣和民族振兴的进程。体现图书馆核心价值观的阅读推广的最终目标是通过阅读提高公民素养，让不爱阅读的人爱上阅读，让不会阅读的人学会阅读，让阅读困难的人跨越阅读障碍。从不同阅读推广主体对阅读推广的定位来看，阅读推广于政府是发展战略，于企事业单位是组织文化，于学校是教育手段，于个人是爱好，于图书馆是作为事业而开展的。因此，从阅读推广的目的可以看出图书馆阅读推广是面向全民的活动，不分年龄，不分职业，阅读推广的客体是社会公众。

（三）图书馆阅读推广的内容

图书馆阅读推广的内容，即推广什么。从字面意义上看，阅读推广即推广阅读。首先就是阅读资源的推广。图书馆管理"资源为王"的理念，可见资源的重要性。随着电子技术的不断发展，图书馆不仅需要对书本资源进行推广，而且需要对电子图书、音视频等多媒体信息进行推广。其次是阅读方法的推广。阅读是从信息符号中获取意义的一种复杂的智力活动，从古至今，闻名中外有所成就的人对阅读都有一定的策略与方法，阅读推广应将科学可行的阅读方法进行推广，对读者进行阅读的指导与帮助。最后是阅读理念的推广。正确的阅读理念对人们的阅读有积极引导作用。阅读理念的范围也很广泛，从宏观来说，有阅读的重要性、阅读价值观、阅读习惯与目的等；从微观来说，阅读理念可以是全民阅读理念、亲子阅读理念、分类阅读理念、多元阅读理念等。

（四）图书馆阅读推广的方式

图书馆阅读推广的方式，即怎样进行阅读推广。阅读推广的组织者面向特定对象以不同的阅读推广方式发起活动。我国典型的阅读推广活动包括大型图书博览会、文化展览和讲坛、征文演讲和知识竞赛、自助图书馆与图书漂流、书评与推荐阅读书目、阅读家庭和个人评选、书香中国晚会等。图书馆阅读推广活动包括讲座、展览、演讲会、朗诵会、报告会、主题论坛、专题陈列、新书推荐、网络竞赛、音乐欣赏、影视观摩、参观考察、学术研讨、技术体验、科普教育等。

通过对图书馆阅读推广要素的进一步认识，可以看出图书馆阅读推广主要就是图书馆、政府、社会组织等单位或个人为倡导全民阅读、培养阅读兴趣与习惯、提高阅读能力所开展的有关活动和工作。图书馆阅读推广则是图书馆作为阅读推广主体，将促进阅读作为服务目标所开展的一系列资源推介或读者活动。

三、图书馆阅读推广的主要方式

（一）书目推荐阅读推广

图书馆在进行书目推荐的时候以馆藏推荐为主，但是并不完全限定为馆藏。图书馆的书目推荐阅读推广大概有以下几种方式。

1. 借阅排行

借阅排行是图书馆采用得比较多的一种方式，很多图书馆提供周期为一个月、一个季度或一年的借阅排行榜，有的馆按类提供借阅排行靠前的图书。

2. 新书推荐

新书推荐也是图书馆采用得比较多的一种方式，有以下几种途径：设置专门的新书书架，对新书进行定期巡展，网上推荐。

3. 编制主题书目

编制主题书目是指图书馆根据需要，将本馆关于某个主题的资源进行揭示和宣传。尽管称为主题书目，但是实际上涵盖的范围除图书外，还包括报纸、数字馆藏等。

4. 馆员推荐

图书馆馆员对资源比较了解，让馆员推荐图书可以充分发挥馆员的作用，并激发馆员的热情。

5. 读者推荐

读者是图书馆非常重要的资源，图书馆一定要有意识地将读者资源组织起来，具体到阅读推广中，可以充分地让读者进行推荐。让读者进行推荐的方式多种多样，推荐方式一定要适合读者群体的特点。

（二）常规读书活动阅读推广

除馆藏推荐外，图书馆经常采用的阅读推广方式就是举办各种各样的读书活动，图书馆服务的人群比较多样，其中儿童、青少年和老年人是图书馆进行阅读推广的重点人群。针对不同的人群，会有不同的阅读推广方式。

1. 针对儿童

图书馆针对儿童的读书活动主要是"故事时间"，主要由专门的儿童图书馆馆员或者图书馆聘请的志愿者"故事妈妈"或"故事姐姐"等来负责。"故事时间"的安排视图书馆的具体情况而定。

2. 针对家长

要想培养一个热爱阅读的孩子，首先要让家长认识到孩子阅读的重要性，因此图书馆必须跟进对家长的指导。很多图书馆都会邀请教育专家或者阅读方面的专家开展面向家长的讲座并进行现场辅导。同时，很多图书馆和阅读推广机构推出了面向家长的手册和指南，帮助家长了解、掌握给孩子阅读的基本方法和技巧。这些指南一般篇幅短小，言简意赅，设计明快，配有插图。对幼儿来说，一切都意味着行动，通过让他们亲身参与，从而使他们的语言能力持续提高并喜爱书籍及阅读。

3. 针对青少年

图书馆一般采用以下三种方式促进青少年的阅读：第一种是读书俱乐部。读书俱乐部和"故事时间"稍微有些区别，读书俱乐部侧重的是青少年之间阅读经验的交流、分享和互动。这些读书俱乐部除了采用现实的方式，还有很多采用网络讨论的方式。第二种是主题读书活动，针对青少年的特点，开展各种不同主题的读书活动。第三种是竞赛和挑战。很多阅读推广活动开设了各种书评比赛、视频制作比赛，除了竞赛，还有一些阅读推广项目是以个人挑战的形式进行的，并不比出名次，而是设定一个目标，只要青少年达到目标，就给予其相应奖励，比如看完两本书，青少年会得到一个铜牌，看完四本书，青少年会得到一个银牌。

4. 针对老年人

随着中国老龄化的加剧，老年人口在总人口中所占的比例越来越大，达到了一定的规模和程度，因此如何保障老年读者的阅读需求越来越成为图书馆需要考虑的问题。由于身体的原因，很多老年读者难以外出到图书馆阅读，因此他们当前面临的主要问题是难以获得相应的阅读指导以及阅读渠道，更不用说接触数字阅读资源等内容了。这就要求各示范区对症下药，投入基层图书馆的建设，充分满足老年读者的阅读需求。老年读者的阅读需求也表现出了多样性，有的老年读者来馆是出于消遣娱乐的，来馆的目的只是了解最新的时事新闻，比起智能手机，他们更喜欢报纸杂志，从传统的报纸杂志中了解天下大小事是他们每天的主要活动。另一批老年读者则是出于个人的兴趣爱好，他们在年轻时忙于工作没有时间阅读，退休后方可静下心来阅读自己感兴趣的著作并进一步地学习，有的老年读者甚至能够将在图书馆学习的知识与自己多年的人生经历和成功经验相结合，在相关领域取得卓有成效的研究成果，进而为社会继续增砖添瓦。对此，图书馆要提供更多人性化的服务并充分考虑到老年读者的需求。例如，为老年读者开设专门的老年人阅览室，并针对老年读者的习惯和喜好来采购相应的图书、报纸、杂志；在阅览室中配备老花镜、放大镜等适于老年读者的物品；尽可能准备针对老年人的急救药以备不时之需，同时对馆员进行相应的培训，如紧急情况时的应急救治培训等；对于行动不便的高龄读者，图书馆可专门派遣人员将读者想要借阅的书籍送上门，无须老年读者亲自到馆，这样既能满足老年读者的阅读需求，又能充分照顾到老年读者的不便，体现了图书馆以人为本的价值情怀。

（三）大型宣传活动阅读推广

除了常规的读书活动，图书馆每年都会举办一些大型的宣传活动，一般在世界读书日或重大节日，如"六一"儿童节、国庆节等，邀请政府部门领导和相关人员，举行比较隆重的仪式。对于这类大型宣传活动，目前业内有不同看法，但很多专家认为这种广场式的活动是有必要的。内容重要，形式也非常重要，关键是形式搞好了，内容质量同样要提升上去。

（四）朗读形式的阅读推广

图书馆还可以通过朗读的形式来吸引读者的阅读兴趣。长久以来，图书馆在人们心目中一直都是一座安静的场所，在图书馆内高声朗读的行为是不被允许的，然而朗读对读者而言却是不可或缺的阅读方法，朗读的声音对阅读有着积极的促进作用，能够帮助读者加深对阅读内容的理解与记忆。朗读本身既是阅读的重要组成部分，也是其主要表现形式。

（五）阅读推广比赛

阅读比赛在阅读推广活动中是个比较新颖的项目，这种活动通过活动本身所具有的竞技性、趣味性激发读者参与活动的热情和阅读兴趣。图书馆可以此为契机，通过举办阅读推广人大赛等新颖的阅读推广方式吸引读者参与进来，让阅读活动变得更加生动有趣。效仿"读书达人秀活动"，能够将现阶段枯燥沉闷的读书活动推向前台，以节目表演的方式提高活动的趣味性和观赏性，也有利于充分调动读者参与读书活动的积极性。

（六）阅读推广快闪活动

随着互联网技术的发展，快闪作为一种新兴的传播方式，借助抖音、微博等社交平台吸引年轻人参与。快闪具有碎片性、交互性、公共性、创新性、灵活性的特点，这对于传播活动以及强化阅读理念具有极大的优势。图书馆可利用快闪易于传播的特点来吸引读者，尤其是年轻读者。快闪活动是多样化的，图书馆可组织工作人员或聘请专业的策划团队在商业中心等人流密集的场所进行歌舞表演、图书朗诵等活动，在内容上聚焦年轻人关心的热点话题，并进行与此相关的书籍推荐，激发年轻读者的兴趣，使他们通过快闪的形式关注阅读。

第二节　图书馆阅读推广服务的特点及完善途径

一、图书馆阅读推广服务的特点

图书馆阅读推广服务是新时代背景下图书馆创新服务模式的一种体现，图书馆通过阅读推广服务可以更准确地了解读者的阅读需求，提高各项阅读服务的针对性，也可以帮助读者更为全面地了解图书馆的服务内容。在具体的推广服务中，读者可以根据推广信息选择适合自身需要的阅读内容，快速、准确地查找到自身需要的书籍。对于图书馆来说，可以利用先进的信息技术来完善服务机制，实现服务内容多样化、服务形式创新化，从而使阅读推广服务发挥最大价值。

（一）经典阅读推广与专业阅读推广并重

经典是什么？可能不同人的理解是不一样的，但是对于经典作品，人们的看法基本上是一致的。《文心雕龙·宗经》中说："经也者，恒久之至道，不刊之鸿教也。"阿根廷作家博尔赫斯说："经典是一个民族或几个民族长期以来决定阅读的书籍，是世世代代的人们出于不同的理由，以先期的热情和神秘的忠诚阅读的书。"随着信息时代的来临，人们接收的信息越来越多，人们获取信息的速度越来越快，获取的渠道也越来越多，这冲击了图书馆的传统服务模式，读者也受到了来自信息时代的冲击，很难真正坐下来静读一本经典。这就导致很多经典著作被人们遗忘，因此这就要求图书馆与时俱进，在进行阅读推广时必须把经典阅读推广和专业阅读推广相结合，做好阅读推广服务工作，让读者既能阅读到经典著作，了解到中国传统文化的博大精深，同时又能获取到传统知识。

（二）休闲阅读推广与严肃阅读推广并举

随着时代的进步和人们生活水平的不断提高，"休闲"一词开始进入人们的视野。当物质已经不再是人们唯一的追求时，精神需求开始步入人们的视野，越来越多的人开始追求精神上的享受。休闲阅读是轻松愉快的阅读方式，人们在阅读的过程中可以得到精神上的满足，享受阅读的乐趣。人们可以在轻松愉快的环境进行经典阅读和专业阅读，感受知识的奥妙。随着信息时代的发展，人们的生活节奏越来越快，压力也越来越大，因此人们不仅需要提升自己的工作能力，同时还需要通过阅读来提高自己的综合素质，使得自己的文化素质不出现"断代"的情况。严肃阅读作为一种阅读态度，是与休闲阅读相对应的。严肃阅读强调在阅读的过程中要保持严肃的态度，要以一种崇敬的心情去阅读每本经典著作，去深入体会作者的意图和作品的内涵。因此，我们可以发现，任何一种阅读都不能很好地发挥图书馆阅读推广的作用，而休闲阅读推广和严肃阅读推广并举可以很好地提高人们的阅读兴趣，同时可以培养人们的阅读态度，最终引导人们的阅读行为。

（三）导读与自主阅读相辅相成

随着时代的发展和社会的进步，"90后"和"00后"的思想变得越来越开放和活跃，对于新鲜事物的好奇心也越来越重，新媒体等也越来越受到年轻人的青睐，也更追求个性。与此相对的就是，青年一代对于学习、科研越来越静不下心。此外，青年一代对于阅读的甄别能力较差，存在一定的盲目性，喜欢跟风。在这种情况下，图书馆通过导读的方式，邀请知名学者、图书作者来给读者的阅读行为进行指导，可以帮助年轻人精准地找到适合自己的著作，提高他们的阅读效率。因此，导读也是当前图书馆阅读推广服务的重要特点，既可以帮助读者从海量的图书资源中找到适合自己阅读的图书，还可以提高读者的阅读效率。

（四）线上阅读与线下阅读相互促进

当前，人们的阅读方式发生了翻天覆地的变化，从过去的纸质阅读向电子阅读转变。当前电子阅读的数据每年都在快速增长，线上阅读成为主流。线上阅读获取便利且快捷，人们可以利用碎片化的时间进行阅读，并且可以利用微信等社交软件进行快速分享，符合当下快节奏的生活方式。线下阅读则主张让读者走进图书馆进行深入阅读，静心阅读一部经典，回归到最原始的阅读方式，找回阅读的仪式感。图书馆阅读推广服务的特点就是线上阅读和线下阅读相结合，满足不同读者的需求。线上阅读与线下阅读相结合，两者相辅相成，相得益彰。

（五）实体环境与虚拟环境共生

图书馆的环境是指由实体环境和虚拟环境共同组成的大环境。图书馆的实体环境包含图书馆的阅览室、藏书室等，是指可以开展图书馆服务业务的实体空间；虚拟环境主要是指网络空间，主要包括互联网业务、资源库、Wi-Fi 等，通过这些虚拟空间可以让读者通过网络进行阅读。

随着数字时代和信息时代的来临，大数据、云计算等技术开始出现，拓展图书馆的虚拟空间已经迫在眉睫。完善图书馆的虚拟空间可以拓宽读者获取资源的渠道，满足读者对读书资源的需求，同时还可以精心精准为读者提供无微不至的服务。

图书馆阅读推广环境是实体环境和虚拟环境共生的，这既可以满足读者对图书馆硬件设施的要求，又能满足读者对图书馆软服务的需求。读者既可以到图书馆进行实地学习，又可以通过网络浏览图书馆的网站和资源库。因此，虚拟环境是对实体环境的补充和辅助，是提升读者阅读空间服务体验的重要载体。

二、完善图书馆阅读推广服务的途径

（一）加强对阅读推广人员的培养

阅读推广人员必须专业性强，能够发挥自身对他人的指导作用，进而挖掘出读者对阅读的兴趣以及积极性。为了能够使阅读推广活动更加具有针对性，部分图书馆推出了单主体的阅读推广活动。这一类型活动的开展无疑对阅读推广人员提出了更高的专业性要求，但是也导致图书馆需要更加庞大的专业工作人员队伍予以支撑，才能开展更加高效、覆盖范围更加广泛的阅读推广活动。这也意味着图书馆必须应时而变，采取更加适用于培养阅读推广型人才的组织培训方式，发挥专业型人才的能力，提高活动效率。通过专业型人才的引导，使读者能够真正领会到阅读的重要性以及真正意义所在。

阅读推广活动创新意在真正发挥阅读推广人才的作用，促使其能够发挥专业效能效用，将人才的专业性转变为阅读活动的有效性，提高读者参与阅读推广活动的积极性，从被动参与转变为主动投入。近年来，随着国家对公共文化事业的重视程度逐渐提高，阅读推广事业发展蒸蒸日上，因此对阅读推广人才的培养也就有了更高的要求。"十三五"规划中明确提出，专业型人才的培养对于各个领域的发展创新有着重要作用，并且规划中强调各个领域、各个专业的人可以融会贯通，政府应该推动多层次、多方面的人才参与到阅读推广活动中，在正式上岗前接受统一正规的培训。这样一来，不仅能够解决专业型人才稀缺的问题，而且能够提高图书馆工作人员的职业素养。《中国图书馆学会关于开展 2017 年"全民阅读"工作的通知》中明确提出，阅读推广水平的提高必须通过专业型人才的培养予以实现。因此，图书馆必须加大对专业型人才的培养力度，确保在培养人才队伍的同时能够提高队伍内人才的专业素养。就现阶段专业型人才队伍的建设情况来看，建设成果主要体现在专业型人才队伍数量的增长上。除此之外，培养阅读推广人员能够保障全民阅读的目标实现，具体培养方案体现在以下几个方面：可以借助政府政策力量开展相关培训教育活动，还要借助社会力量对专业型人才进行培训；地方图书馆可以立足于地方自主需求，根据地方发展要求丰富课程内容，扩展学习培训范围。在理论基础扎实的前提之下，阅读推广人员可以通过参与实践活动将理论知识真正运用到实践之中，将理论成果转换为实践成果，促使我国的文化事业朝着现代化发展方向行进。

（二）策划阅读推广宣传活动

阅读推广服务的目的是结合馆藏资源，通过各种丰富多彩的活动吸引读者，使之有进行阅读的冲动，从而养成阅读习惯，提高国民的文化素质与阅读修养。

图书馆可以借助新媒体，通过信息的再生产增强议题设置能力，从而扩大阅读推广活动的宣传效应，不仅要发挥新媒体的工具性，而且要传递价值理念，营造全民阅读的浓厚氛围以及全民阅读、终身学习的良好环境。图书馆可以在微信、微博、抖音等社交媒体上围绕阅读主题发布信息，强调阅读的重要性，营造阅读氛围，最好可以结合读者感兴趣的内容以及与公众生活息息相关的议题。图书馆作为开展全民阅读工作的重要阵地，发挥着阅读推广、社会教育、文化传播主力军的作用。推动全民阅读是图书馆界推广服务的任务和重点，可以整合图书馆行业力量，提升联动效能，扩大图书馆界推动全民阅读工作、开展阅读推广服务的影响力。图书馆应重点把握世界读书日等时间节点，通过图书馆之间的联动开展系列阅读推广活动，凝聚图书馆在全民阅读中的力量，扩大活动的覆盖面和影响力，引导大众参与到活动中，从而热爱阅读、热爱图书馆，提高图书馆的关注度和美誉度。同时，图书馆要提高活动辨识度，提升活动质量，增强创新性和特色以保证活动的常态化和持续性，形成品牌化传播。在这个信息大爆炸的时代，信息量呈井喷式增长，图书馆通过阅读推广服务品牌化传播，可以提升活动的知名度，吸引众多读者参与其中。阅读推广与宣传密不可分，图书馆应通过多方面的专业培训来提升阅读推广人员的新闻素养和新媒体运营能力，逐步建设一支覆盖多专业的阅读推广团队，不仅要包括图书馆学专业的人员，还应包括网络与新媒体专业、心理学专业、教育学专业的人员，增强团队凝聚力，最大限度地发挥团队能力。

图书馆应巧用新媒体宣传策略，提升读者的阅读兴趣。新媒体运营并不是简单地编辑文字推长文或是发布短视频，它包含一系列完整的计划组织、实施和控制活动。因此，图书馆应培养相关工作人员的创作灵感与网感，使其能够巧妙借势宣传。网感是指对网络的敏感度，在发生一些热点新闻事件的时候，可以及时地跟踪并做出反应。新媒体的受众与报纸、电视等传统媒体的受众不同，以年轻人居多。因此，新媒体运营人员必须随时关注热点并及时跟进。图书馆需要培养相关工作人员的网感，不断激发其灵感，使其能够及时了解互联网动态，巧借热点进行图书馆阅读推广服务的宣传工作。

宣传内容主要通过意义符号或影像生动表达，图书馆运用文字、图片、音视频等要素传达信息，能够从视觉、听觉上对读者产生直观影响，从而改变读者对活动的态度及参与欲望，从而影响读者的行为。新媒体运营人员最重要的工作是输出内容，文字表达能力是基础。因此，图书馆新媒体运营人员必须提高自己的文字写作能力，不断精进，保证输出高质量内容。一篇好的活动文案，在内容上应该是主题鲜明、逻辑清晰、简洁凝练的，能够吸引读者，引起共鸣。图书馆阅读推广服务活动文案写得出彩，让读者在最短时间内获得更多的内容，对助力活动的开展、宣传图书馆方面都会起到推动作用。高质量的原创内容是重中之重，图书馆应发挥自身优势，加强对高质量原创内容的输出。一名合格的新媒体运营人员必须具备产品理解能力，能够对产品有充分的了解，分析产品对用户的吸引力，找到用户的行为模式和特点。图书馆新媒体运营人员要清晰定位图书馆阅读宣传推广的对象，对所要宣传的内容进行充分的理解，找出阅读推广活动的亮点，针对不同活动内容进行差异化宣传推广，从而最大化激发读者的参与欲望和再次传播欲望，同时加强对活动全方面、立体化、多角度的报道，形成完整活动宣传链。

对于图书馆来说，用户反馈具有积极的作用，一方面有助于图书馆检验和证实传播效果，读者的反馈是最直接和最真实的标尺；另一方面有助于图书馆改进和优化下一步的传播内容和传播形式。图书馆要想了解活动的传播效果，不仅需要关注新媒体平台上读者的阅读量、点赞量、评论量等数据反馈，同时应该密切关注与读者之间的联系，多渠道、多角度地了解读者的需求和对现有活动宣传的反馈，通过调查问卷、访谈、网上互动等正式、非正式方式与读者进行交流，倾听读者的心声，获取读者的真实想法，以了解读者真正的需求，针对读者的阅读心理和兴趣，为图书馆宣传阅读推广活动奠定基础，更有效也更贴近读者，推动阅读推广活动成功举办，为全民阅读建设贡献一分力量。

（三）加强经典阅读和古籍阅读推广

1.经典阅读推广

图书馆是经典阅读推广的主阵地，阅读推广是新时期图书馆社会教育职能的体现，应以经典阅读推广促进图书馆社会教育职能的回归。图书馆阅读推广是图书馆独立或参与发起组织的，普遍面对读者大众的，以扩大阅读普及度、改善阅读环境、提高读者阅读数量和质量等为目的，有规划、有策略的社会活动。图书馆经典阅读推广是图书馆通过精心创意、策划，使读者将注意力放在经典著作上，以提高经典著作利用率的活动。

（1）采用多元化的经典阅读推广方式

图书馆经典阅读推广方式较为丰富,要能够同时兼顾多种经典阅读推广方式，继续发展现有的经典阅读推广方式，稳固已有的经典阅读推广方式。在此基础上，要进一步扩大现有的传统经典阅读推广方式的规模，例如，经典主题的讲座、展览这一类经典阅读推广活动应该使其定期化、规模化，形成一定的影响力。

在兼顾传统经典阅读推广方式的基础上，要进一步创新经典阅读推广方式，如利用电影展播、故事讲演、主题竞赛和综合性活动等这类互动性、趣味性较强的经典阅读推广方式，给读者带来丰富的视听体验，提高读者与举办经典阅读推广的主体之间的互动性，增强读者的参与热情。未来图书馆应该采用多元化的方式进行经典阅读推广，除了传统的经典阅读推广活动，还要定期举办大型的综合性经典阅读推广活动，通过多元化、趣味性的经典阅读推广活动来吸引更多年龄层的潜在读者参与其中。在经典阅读推广方式的选择上，一定要根据推广内容、推广人群来进行合理选择，注意传统型、创新型、互动型的经典阅读推广方式的多元有效结合。

图书馆还要充分考虑对经典阅读场景的建设，为读者提供一种体验式、沉浸式的经典阅读推广服务，使读者能够在立体的经典阅读推广活动中感受经典的魅力。情景体验服务是一种调动人的视觉、听觉、知觉等参与特定情景的体验式服务。情景式、沉浸式的经典阅读推广活动，就是通过打造经典阅读场景，使读者在实践中体会知识、感受情感的一种经典阅读推广方式。体验式经典阅读推广除让读者静坐聆听专家、学者对经典的讲述外，还要充分调动读者与主讲人之间的互动，使读者真正参与到经典阅读讲座之中。外界的刺激可以促使读者形成某种阅读习惯、阅读兴趣，或者改变原有的阅读行为。图书馆利用场景建设来对读者进行经典文化的熏陶，激发读者对经典阅读的兴趣是十分正确的做法。所以图书馆应该注重经典阅读场景的建设，为读者营造很好的体验环境。

（2）细化图书馆经典阅读推广对象

图书馆经典阅读推广活动的推广对象主要包括大众读者群体、老年读者群体、少年儿童读者群体等。从整体来讲，大部分图书馆开展的经典阅读推广活动都是面向大众读者群体，少数图书馆开展了面向老年读者群体、少年儿童读者群体、残障读者群体和贫困读者群体的经典阅读推广活动，但无论是数量上还是质量上都有所欠缺。特别是我国偏远少数民族地区的读者，该地区的文化基础设施比较落后，推广经典阅读除了要提升人的思考能力和精神境界，更要提升该地区群众的文化知识水平和语言文字能力。

图书馆可以对各馆的读者基本情况进行简单调查，调查其年龄、职业、受教育程度以及阅读兴趣，然后根据各馆各类读者人群的具体情况来开展经典阅读推广活动。根据各馆各个年龄层的读者数量，按照比例安排针对各类人群的经典阅读推广活动，针对少年儿童读者群体、老年读者群体等安排不同的经典阅读推广内容。根据馆内各类读者群体的文化程度来决定开展何种文化程度和主题内容的经典阅读推广活动，使得读者能够理解和适应经典阅读推广活动内容。总而言之，就是根据读者群体的年龄、职业和文化程度等具体情况来开展不同主题、内容和形式的经典阅读推广活动，这样活动才具有针对性，从而使读者充分学习和了解活动中的经典文化和人文历史。

图书馆除对经典阅读推广对象进行细分，按照读者群体的具体背景和情况进行经典阅读推广外，还要更加注重对弱势群体的经典阅读推广。弱势群体由于其经济、文化和身体等各方面的原因，在阅读尤其是经典阅读方面更加欠缺，在文化素养水平、经典文学学习方面更需要进一步提升。图书馆应该重视对弱势群体的经典阅读推广，包括老年读者群体、残障读者群体、贫困读者群体等。弱势群体由于各种原因在阅读尤其是经典阅读方面存在一定的障碍，在经典阅读方面有需求但是未能得到满足，更加需要图书馆对其加以引导。图书馆不仅应该增加经典阅读推广的活动场次，而且应该提升面向弱势群体的经典阅读推广活动的质量。图书馆应该根据不同群体的特征，开展适合不同群体的经典阅读推广活动。针对老年读者群体，图书馆应该考虑到老年人的学习能力和理解能力较弱，故为其开展流程简单、内容易懂的活动。针对少年儿童读者群体，由于少年儿童的好奇心较强、活泼开朗，故开展针对少年儿童的经典阅读推广活动时应该充分考虑活动的趣味性和互动性。针对残障读者群体，则应该考虑到该群体在听觉或视觉等方面存在障碍，故要在经典阅读推广过程中充分考虑残障读者参与活动的便捷性。针对贫困读者群体，图书馆应考虑到这类读者由于经济水平较低而导致经典阅读资源匮乏，因此可以为所在地区经济水平较低的家庭或个人捐赠经典书籍。

（3）打造图书馆经典阅读推广品牌

品牌是具有持久价值的无形资产，品牌的重要性已不仅仅体现在经济市场上，更体现在个体差异与优势性的表达上。大到国家间的实力博弈，小至个人价值的展现，品牌都成为关键竞争因素。图书馆作为公益性的文化事业单位，在营造读书氛围、推广全民阅读时更加需要以品牌化的活动吸引读者走进图书馆、唤起读者的阅读兴趣。品牌活动彰显着图书馆的文化品位、服务品质，是其深化服务的有效途径和体现其社会影响价值的重要方式。图书馆的阅读品牌活动包括公益类讲座等，未来提升全民阅读成效仍须通过这些阅读品牌活动建立读者与图书馆之间的情感联系。

经典阅读推广品牌的打造是城市文化建设的重要组成部分，是提升城市文化氛围的重要渠道。图书馆作为城市文化建设中的重要力量，肩负着营造城市文化氛围、提升城市居民素质的责任。经典阅读推广品牌具有一定的效应，可以对城市居民产生潜移默化的文化熏陶，故而图书馆应该积极打造自己的经典阅读推广品牌。图书馆经典阅读推广品牌的打造，会使该经典阅读推广活动具有一定的影响力，从而吸引更多读者参与到该经典阅读推广活动之中，扩大经典阅读推广活动的辐射范围和覆盖人群。读者在参与经典阅读推广品牌活动的过程中，可以提升自身文化素养水平。图书馆在打造经典阅读推广品牌的过程中，既树立了良好的图书馆形象，也对中华传统文化和思想中的优秀部分进行了传承和弘扬。

图书馆要根据本馆实际情况以及已有经典阅读推广方面的经验和成果来极力打造自己的特色经典阅读推广品牌，形成一定的品牌效应，营造良好的城市文化氛围。第一，图书馆要结合所在地区的地方特色文化，开展主题鲜明的经典阅读活动。第二，在经典阅读推广品牌建设方面，图书馆可以尝试与社会力量合作，借助出版机构、传媒机构、教育机构等社会力量来共同打造经典阅读推广品牌。第三，为保证经典阅读推广品牌打造的资金充足，图书馆可以加大经典阅读推广方面的资金投入，保证经典阅读推广品牌活动的经费充足。第四，在经典阅读推广品牌的经费来源方面，除政府相关部门的专项资金供给外，图书馆还可以与外界的传媒机构、出版单位等社会力量合作，寻求社会资助，吸引社会上赞助者的投资目光。第五，图书馆可以策划开展全民参与类的经典阅读推广活动。图书馆可借鉴美国"一城一书"经验，在全市或全县开展"共读一本书"活动，以不同形式公开宣传吸引大众举荐喜爱的读物，收集整理为备选书目，交由大众投票，最终选出呼声最高的一本作为全民阅读的读物，并在公共空间展示作品的优质内容，或通过街头采访、读书会的形式引导民众分享阅读心得，从而提高民众的阅读意识。也可联动全省各级图书馆，开展"大阅读"活动，发起推荐经典书籍活动，由民众参与投票，通过三轮投票活动，分别选出 100 种最佳读物、50 种最佳读物、10 种最佳读物，作为开展"大阅读"活动的推荐书目。以全民性活动增强大众的活动参与感和责任感，能够有效地扩展全民阅读活动的影响范围。

总之，图书馆需加强品牌意识，充分结合本馆资源及实力，面向所服务的群众策划"因地制宜"的品牌活动，将品牌活动稳定化，并树立创新意识，探索新形式的阅读推广活动，构建全民阅读活动体系，进而串联全省品牌活动，打造具有特色的全民阅读实践模式。

（4）激发读者对经典阅读的热情

读者自身对经典阅读的热情是影响读者参与经典阅读推广活动的重要因素，只有提高读者对经典阅读的兴趣，才能促进更多读者积极参与经典阅读推广活动。图书馆应该引导更多读者爱上经典阅读，激发读者对经典阅读的兴趣，从读者层面来提高经典阅读推广活动的参与率。为激发读者对经典阅读的兴趣，图书馆可以利用微信、微博等新媒体平台长期性地为读者推广经典文学作品、经典诗词歌赋等，潜移默化地改变读者对经典阅读的态度，使读者在长期性的文化熏陶、经典赏析中了解经典阅读的魅力。

在"互联网+"时代，纸质阅读已经无法满足读者的阅读需求，数字阅读成为当下年轻读者青睐的阅读方式，而对纸质阅读、经典阅读不感兴趣。数字化媒体的普及，使得快餐式、跳跃式的"浅阅读""碎片化"阅读方式备受数字化时代读者的青睐。与传统纸质图书相比，数字阅读具有储存量大、方便携带的特点，方便读者利用业余时间阅读长篇经典。图书馆可以抓住读者的数字阅读特点，进行数字经典阅读推广。第一，图书馆可以采购现代化的数字阅读设备，如 Kindle 等电子阅读器，在其中存储好由专家、学者推荐的经典书目数字资源，方便读者借阅电子产品阅览经典书籍。第二，除在数字经典阅读资源方面有所扩充，图书馆还可以将本馆的经典漫画、连环画、古籍等改编为音频、影像、动画和数字绘本等，形成本馆的特色经典作品数据库。

图书馆可以为读者建设专门的经典阅读室，在经典阅读室中陈列由专家、学者推荐的经典书目纸质书籍，这样既可以为读者提供一个阅读经典的静谧环境，方便读者阅览经典书籍，也可以为图书馆开展经典阅读活动提供专门的场地，从而给读者带来良好的经典阅读体验。同时，图书馆在经典阅读场所的建设方面，一定要注意对场所软、硬件设备质量的提升，创设舒适、宽敞、温馨的经典阅读环境。

图书馆需要改变读者对经典阅读推广活动的态度，注重读者的经典阅读体验。图书馆在继续推广纸质经典阅读的同时，也要兼顾数字经典阅读的推广。图书馆的读者选择图书馆、家庭和自习室作为经典阅读场所，故图书馆在经典阅读推广方面有着特殊的场所优势。当提高了读者对经典阅读的兴趣时，才会对阅读推广活动产生兴趣，才能提高经典阅读推广活动的读者参与率。

（5）建立图书馆经典阅读推广活动评估体系

图书馆应通过建立良好的经典阅读推广活动评估体系，对经典阅读推广活动的效果进行评估。图书馆应从图书馆自我总结、读者反馈、社会影响三个方面对经典阅读推广活动进行评估，设置易于量化的，具有参考性、适用性、比较性的指标。

在图书馆层面，应考虑图书馆的硬件设施、人员构成、经费保障三方面的指标，其中人员构成应包括工作人员人数、学历、业务能力，社会力量参与，志愿者参与五个方面，并依据重要性的不同给予这些指标不同权重。图书馆开展经典阅读推广活动的主要目的是促进国民文化自信意识的提高，因此公共图书馆经典阅读推广活动开展后的评估内容和角度十分重要。首先，经典阅读推广活动的策划、实施都需要馆员的参与，而图书馆大多是对馆员参与策划活动的人数进行评价，但更应该对馆员策划、实施活动的能力进行评价，因为策划、实施活动是为了传达经典文化的内涵，鼓励读者进行阅读，因此评估馆员是否准确地传达了公共图书馆的初衷显得尤为重要。馆员代表的是公共图书馆的形象，所以其在面对读者时的态度应该亲切自然，积极解决读者的问题，不厌其烦，令读者如沐春风。其次，经费是开展活动的强有力支持。但图书馆的支出金额大，资金来源渠道单一，主要依靠财政拨给、社会捐助等，因此如何合理地控制经费也是一个值得图书馆考虑的问题。最后，读者参与活动人数，是活动的形式和内容对读者的吸引度、宣传推广的力度等的集中映射，因此图书馆在评估过程中不可忽视这一部分。

在最为直观和重要的读者反馈层面，应充分考虑参与活动读者的满意程度、受益程度和吸引程度。在读者满意程度层面，图书馆开展活动的合理性、时效性、类型的丰富性和活动形式的多样性、频率的周期性、创新性，以及读者对图书馆工作人员服务的满意程度、对图书馆讲师的认可程度，都是衡量图书馆经典阅读推广活动的关键指标。在读者受益程度方面，读者对经典书籍阅读兴趣的变化、到馆次数的变化、经典类图书借阅量的变化、阅读经典类书籍时间的变化、阅读经典类图书的速度变化也是需要考量的关键指标。通过内部评价与外部反馈相结合的方式，能够帮助图书馆经典阅读推广调整发展机制，为未来活动方案的制订和推广形式的创新提供持久的内在动力。从读者方面来讲，读者喜欢形式新颖和内容丰富的活动，丰富多彩的活动内容会让读者在参与的过程中加深对文化的理解和认知，这两项是直接吸引读者的重要因素。阅读推广环境是否宽敞、交通是否便利、活动氛围的营造是否轻松和安静，这几项因素也同样影响着读者对活动的满意程度，因此图书馆需要重点评估读者关于这些因素的反馈。因为图书馆开展经典阅读推广活动的主要目的是使读者树立文化自信意识，所以图书馆同样需要调查读者有没有更加热爱经典文化，是否对阅读经典名著产生了兴趣，是否增强了自身文化自信的底气。同时，图书馆有义务纠正、解决读者在阅读过程中存在的不足以及遇到的问题，例如，阅读理解能力有没有提高、有没有学习到新知识、经典阅读兴趣有没有被激发、不良的阅读习惯有没有得到改变等。只有不断完善系统的活动评估体系，才能更好地了解开展活动的价值，也可以从活动的开展中汲取经验，对不足的地方进行积极改进，为下一次图书馆经典阅读推广活动的开展提供丰富的素材来源。同时，可以更好地为读者服务，早日使经典阅读在社会上掀起一股热潮，促进全民增强文化自信意识。

在社会影响层面，应考虑文化资源的利用程度、活动信息的推广程度、活动品牌的认可程度、参与读者人数变化以及经典类书籍借阅数量的提升程度五方面指标。

（6）提升图书馆经典阅读推广服务水平

建立长效的经典阅读推广机制是保障经典阅读推广工作持续稳定开展的重要措施之一。图书馆应该成立专门的经典阅读推广部门，打造一支专业的经典阅读推广人才队伍，不断设计和创新经典阅读推广活动。各图书馆除了要成立自身的经典阅读推广组织外，还应该与其他图书馆联合起来，加强经典阅读推广方面的业务交流和讨论，成立图书馆经典阅读推广联盟。图书馆经典阅读推广联盟的成立可以促进图书馆共享经典阅读资源，同时在业务和学术等多个方面互相学习、互相借鉴，从而推进经典阅读推广工作的开展。在此过程中要注重对其他图书馆的经典阅读资源进行整合，对图书馆的经典阅读品牌打造、人才队伍培养、业务流程规范等提供理论指导。经典阅读推广长效机制的打造需要设计宏观的经典阅读推广长期规划，同时要重视经典阅读推广的效果评估，定期对参与活动的读者进行满意度调查。

图书馆要充分考虑读者的经典阅读需求，从各方面提升经典阅读推广活动效果，要改善开展经典阅读推广活动的场地条件，制定合适的经典阅读推广活动举办时间和频次。图书馆的读者希望图书馆举办经典阅读推广活动的时间为周六、周日或国家法定节假日，因此图书馆可在此时间内多举办经典阅读推广活动。同时，举办经典阅读推广活动的最佳频次为每月 2 ~ 3 次，故图书馆可以每月举办2 ~ 3 次综合性经典阅读推广活动。图书馆在经典阅读推广内容和形式上也要不断创新和发展，侧重于读者希望举办的经典阅读主题读书会、书展等活动。图书馆在举办经典阅读推广活动的过程中，要注意与读者之间的互动与交流，充分带动读者体验经典阅读的魅力。图书馆还应注重经典阅读推广活动的宣传推广，扩大经典阅读推广活动的宣传力度，充分利用微信、微博和网站平台等多个渠道进行经典阅读活动的预告和报道。在对经典阅读推广活动进行宣传报道时，一定要注意信息的及时性、客观性。

为读者提供高质量的服务是图书馆的服务宗旨之一，因此，图书馆要改善自身开展经典阅读推广服务的态度，增加与读者的交流，对参与活动的读者进行及时的调查。要让读者在参与经典阅读推广活动的过程中充分感受到图书馆的服务热情，从而提高读者参与图书馆经典阅读推广活动的体验感，进一步提升图书馆经典阅读推广的成效和影响力。图书馆除不断创新经典阅读推广内容和形式外，更应该制定和完善经典阅读推广方面的规范和标准。图书馆不仅要提高全体馆员的专业素养、文化素养，而且要提高馆员的经典文化知识水平。馆员是图书馆经典阅读推广活动的策划者和执行者，在进行经典阅读推广活动时，要充分考虑读者的兴趣爱好。除图书馆学专业的工作人员外，图书馆还应该招聘中文系、历史系等文学类的专业人才成为馆员，使其在经典阅读推广活动的设计方面出谋划策。

图书馆要在经典阅读推广人方面有所突破，利用经典阅读推广人来提升图书馆经典阅读推广服务质量，通过打造良好的经典阅读推广人形象来提高读者参与经典阅读活动的热情。经典阅读推广人既可以是研究经典阅读的专家、学者，也可以是自愿参与阅读推广事业的社会人士。经典阅读推广人以经典阅读为推广内容，通过自身形象和影响来向公众传播经典阅读理念、开展经典阅读指导，达成提升民众经典阅读兴趣的目标。经典阅读推广人自身要有浓厚的经典阅读兴趣和较高的文化素养，掌握一定的阅读推广技巧，善于与读者群体沟通交流。各个图书馆应该培养一支经典阅读推广人队伍，加强对经典阅读推广人的经典文化素养培育，利用经典阅读推广人队伍为读者提供优质经典阅读推广服务。

2. 古籍阅读推广

谈到古籍阅读推广时，我们首先要对"古籍"有一定的认识。若从严格的角度来定义"古籍"，可以参考《全国古籍普查登记手册》，即"凡产生于1912年以前，并以稿本、抄本、印本、拓本等形式行世者，诸如简帛典籍、敦煌遗书、宋辽西夏金元明清时期版印抄写的古籍、古地图、碑帖拓片、少数民族文字古籍以及西学传入后产生的新学书籍等，均在古籍普查登记范围之内"。所以，结合当前图书馆的实际情况来讲，古籍的阅读推广工作也可以延伸为是对汉籍、少数民族古籍文献、地方特色文献、家谱、佛经等图书馆所收藏的古文献资源的阅读推广。

从古籍到现代普通书籍，经历了一个漫长且丰富的历史发展过程。我们可以从装帧形式、版式呈现、读者等多个角度来感受古籍和现代普通书籍之间的区别。从装帧形式的角度来说，古籍经历了漫长的装帧演变过程，既有卷轴装、旋风装，又有经折装、册页装，还有梵夹装、蝴蝶装等不同的装帧形式；而现代普通书籍多以平装和精装两类西式装订法为主。从版式呈现的角度来说，古籍的文字遵循"从上到下，从右到左，以右为上，以左为下"的原则，繁体纵向排列，且存在诸如鱼尾、栏线等版式符号元素；而现代普通书籍的文字是从左到右、自上而下的简体横向排列方式，便于公众快速获取信息。

从读者的角度来说，大多数读者已经习惯简体字、有标点、文字横向排列的现代书籍阅读，但古籍多为繁体文言文、没有句读、文字纵向排列。古籍涉及的内容多为哲学、史学、经传等，通俗易懂的内容则比较少，这就使得读者在阅读古籍的过程中时常产生语言困惑、理解生涩、阅读不畅等问题。因此，古籍对读者群体的语言理解能力和文学素养等的要求都比较高，较高的要求最终导致古籍的阅读群体范围狭小。综合以上多方面因素可以看出，古籍阅读推广的工作难度比一般意义上的阅读推广更高。

作为图书馆馆藏文献资源的组成部分之一，古籍应该成为图书馆阅读推广的重点与特色，满足公众日渐增长的专题化、个性化的阅读需求。因此，图书馆古籍阅读推广的内涵解释也就比一般意义上的图书馆阅读推广更为丰富。图书馆古籍阅读推广是指图书馆在一般阅读推广活动的基础上，结合馆藏古籍资源的情况，通过多种多样的方式和途径来实现古籍资源的宣传与保护，从而让公众认识古籍、了解古籍，体悟中华优秀传统文化的深刻内涵，增强公众的文化继承使命感。

古籍是图书馆开展古籍阅读推广工作的重要支撑。然而，古籍文献属于图书馆最珍贵的文物。与古籍的阅读推广工作相比，古籍的保护工作则显得尤为重要。因此，图书馆对古籍原件的使用有着严格的规定和明确的要求，这很容易导致古籍在阅读和推广的过程中受到限制，也就难以让古籍走向公众的日常生活。但是，在当前信息化蓬勃发展的大数据时代，公众并不是只能通过接触古籍本身来进行对古籍的认识、了解和阅读。图书馆遵照时代发展的要求，结合自身的种种优势，并根据不同阅读群体的需求，推出了形式多样、内容丰富的古籍阅读推广活动。当前图书馆古籍阅读推广工作中，常见的活动形式分为五类：①展示类，多以实物展、图片展等展览性活动为主；②讲座类，围绕经典著作的内容、价值进行介绍、评价或交流；③技艺体验类，如古籍修复、装帧、雕版印刷等参与性、互动性较强的活动；④文创类，它是紧随时代发展而产生的古籍创新成果，具体表现为根据馆藏资源研发文化创意产品等；⑤古籍资源数字化，目前图书馆的古籍资源数字化多以建设古籍数据库或数字化平台为主。

图书馆的展示类活动一般是指在一定的地域范围和网络空间内，图书馆通过展示实物等方式，向公众展示文化艺术的阅读推广服务。在古籍阅读推广工作中，图书馆的展示类活动多以举办线上或线下展览为主，包括全国联合古籍展览和其他各具特色的古籍展览等。展览中的展品不限于传统意义上的古籍，往往还会涉及地方文献、家谱、碑帖拓片或相关的古籍研究成果等。

图书馆的讲座类活动多以免费开放为主，具有普及性、大众化等特点。该类活动不仅满足了公众不同的文化层次需求，而且为公众的终身学习提供了可行性的现实条件。图书馆的古籍阅读推广讲座类活动，大多是以经典著为主题的讲座或论坛，借助名人效应，邀请相关研究领域的专家教授、学者名师向公众进行主题内容的讲解和价值的阐释，这让公众在与主讲人的互动和交流中感受到了更为深层次的文化价值熏陶。

图书馆的古籍阅读推广技艺体验类活动，包括古籍修复、雕版拓印、活字印刷、线装书制作等过程的演示和体验。技艺体验类活动可以分为馆外的"走出去"活动和馆内的"引进来"活动两种。具体来说，馆外的"走出去"活动是图书馆联合当地学校举办的，活动对象多为在校师生；馆内的"引进来"活动是图书馆根据本馆的实际情况举办，吸引公众前来参观的活动，活动对象的类型呈现多样化趋势。图书馆的古籍阅读推广技艺体验类活动，最大的特点就是具有较强的实践性，这在很大程度上提高了公众的参与意识。在修复师现场演示和动手操作之中，公众能够全方位地了解古籍的制作和修复过程。从更加长远的角度来说，公众对技艺体验类活动的认识，不仅是对图书馆古籍修复技术的考验，也是对图书馆公共财物保护能力的锻炼，更直接关乎图书馆能否提供较高层次的服务，决定着当地的区域文化综合水平能否提高。

文创类活动是指基于丰富的馆藏资源，图书馆选取可以反映文化底蕴和内涵价值的资源，并进行创新性开发，最终以产品的形式所呈现的一项活动。阅读推广工作中的文创产品主要是以书籍外在形象、阅读宣传标语、名著题名封面、经典内容片段、书籍人物插图、读书名人名言为主的"阅读"性的文化元素，通过多样化创意设计与物质实体相结合而形成的一系列产品。当前，图书馆的文创产品分为三种类型：一是文化商品类，如书签、签字本、笔记本等文具产品，卫衣、围巾、手表等服装配饰，钥匙扣、团扇、马克杯等家居生活用品；二是数字多媒体类，如开发设计的交互 Flash 动画、小游戏、App 等数字化产品；三是馆藏特色出版类，如馆藏字画的复制品、古籍文献的影印本等。

古籍资源数字化旨在提高古籍纸质文献资源的利用率，它是运用现代信息技术手段，通过将古籍中的语言文字或图形符号转化成计算机可识别的数字符号，完成对古籍纸质文献的影印、点校、注释、辑佚、索引、编纂等一系列加工处理工作，并建设开发相应的古籍文献书目数据库、全文数据库、数字化平台，最终实现古籍整理、存储、检索、阅读和传输的电子化系统工作。简单来说，可以把古籍资源数字化理解为利用计算机技术将纸质古籍文献信息转变为可识别、可处理的数字信息的过程。古籍资源数字化就是通过开发数字化技术、搭建古籍共享平台以及建设专题馆藏数据库来打破传统古籍文献的固有模式，实现了古籍资源从"重藏"到"重用"的巨大转变，让书写在古籍里的文字"活"起来。因此，古籍资源数字化成为图书馆开展古籍阅读推广工作以来最为有效的推广形式。其中，运用短视频进行古籍推广取得了良好的效果。短视频内容立体丰富、创作门槛低、创作方式简单灵活等特点，符合人们碎片化、娱乐化休闲的要求。短视频的发展需要源源不断的优质内容，随着短视频中古籍传统文化的加入，传统古籍文化中的精品内容为短视频提供了新鲜的血液，可以有效保证短视频平台的口碑，因此，古籍推广短视频应运而生。利用短视频平台进行古籍推广，增强了古籍的表现力、传播力、互动性。①短视频能够彰显古籍的表现力。短视频被称为新时代的文本，以抖音为代表的短视频平台的崛起，为普通人提供了表达自我、展示自我的机会。表达促进了创新，传统文化也因此有了更加现代化的呈现方式。一般而言，相对于图片和文字，视频具有更为突出的创造力和表现力，而短视频则更将这种优势凸显了出来。短视频仅需有一部手机就能进行创作，这对古籍的推广运营来说，无疑是非常有帮助的。不仅如此，借助短视频平台上的各种功能，利用诸多贴图表情、音效与音乐甚至滤镜，能够赋予内容更强的表现力。短视频具有"短小精悍"的特点，能够在极短时间内提炼古籍的精华，激发不同受众的阅读欲望。传统的书评仅仅局限于枯涩的文字与图片，通过短视频推广古籍，能够给予受众多感官、多层次的感受体验，无疑增强了古籍的表现力。②短视频能够提高古籍的传播力。短视频有强大的传播能力，究其原因是其拥有强大的智能算法推荐系统，它可以将不同类别的短视频投放给不同兴趣的用户，这大大提高了流量的利用率和转换率。大数据算法短视频的精准投放，节省了用户选择、借阅书籍的时间，适宜快节奏的当下生活，可以在极短时间内使读者了解古籍的相关信息，提高各方面效率。此外，短视频推广古籍，打破了时空局限，弥补了传统古籍推广方式的不足，极大地提高了古籍的传播力。③短视频能够增强古籍的互动性。传统出版物缺乏互动性，古籍互动也要考虑古籍损耗、保护问题。尽管传统图书出版物推广存在图书交流会、签售会等活动，但互动性及控场能力往往难以把控，由于时空的限制，很多读者不能到场，且时间较短，无法深入交流。图书馆利用短视频推广古籍，可以使人们通过平台进行评论、私信等。短视频易传播、强互动的特性，极大地拉近了读者与古籍、出版社及图书馆之间的距离，让更多的读者参与其中，突破了时空的限制，增强了出版物短视频推广和运营的交互感。现代艺术的表达，也使古籍得以更加立体、生动地呈现，让更多人重拾对传统文本的兴趣。

随着信息技术的高速发展，图书馆已经从以馆藏为中心的 1.0 时代转向以读者服务为中心的 2.0 时代，又迎来了注重可接近性、注重读者需求、注重资源、注重开放性、注重生态环境融合为一体的图书馆 3.0 时代。5G 时代的到来也倒逼着传统图书馆进行转型，图书馆开始尝试进行线上阅读服务。图书馆也跟随着时代发展的脚步，不断尝试运用新的技术和软件，指导读者正确的阅读方式，提高阅读的效率和适用性，带给读者不一样的阅读体验。图书馆通过短视频平台开展图书馆云服务，在线上完成图书馆的读者服务，不仅能够让全国读者不受限制地参与到各省举办的阅读推广活动中，也能让读者在阅读中实现联通。以"图+文"为主的阅读推广对少儿、幼儿读者的吸引力小，特别对于不识字的低幼儿童，单纯枯燥的文字很难吸引他们的注意力。短视频表达内容个性化，很容易抓住读者的眼球。

目前，我国短视频正处于方兴未艾的阶段，图书馆阅读推广服务选择短视频形式的原因主要在于短视频发布形式多元化，用户通过手机就能随时随地拍摄发布，还可以通过短视频平台进行自动剪辑和后期完善。这种形式打破了图书馆以往严肃的形象，更贴近读者的生活，特别对于三四线城市，在阅读资源匮乏的情况下，短视频可以为读者提供更多的阅读机会。短视频的阅读推广形式拓宽了图书馆阅读推广的途径，传统图书馆阅读推广会受到很多条件的限制，包括时间、场地、资金等。错过举办活动时间的读者无法参加；阅读推广的场地人数通常不好控制，场地的大小也难以确定；线下的阅读推广活动需要资金支持，资金的来源审批支出都是要考虑的问题。图书馆通过短视频简洁生动地塑造知识和阅读场景，不需要大量使用资源，也不受限于场地范围，形成了一个只要通过网络就能触及知识、不到现场也能参与活动的新发展形式。

在数字化时代，图书馆、出版单位以及弘扬古籍文化的个体，应顺应时代规律，发挥短视频平台的特点，让古籍借助现代科学技术活起来。让读者走进古籍，让更多人了解古籍、阅读古籍、运用古籍，加入古籍保护的队伍。在多媒体信息时代，将短视频技术应用于古籍推广能够充分发挥古籍数字阅读资源的作用，拓展传统古籍推广方式。①前提可行性。受众对短视频的阅读需求是出版单位和图书馆以及其他古籍推广个人运用短视频技术的前提。随着科技的发展，移动数字化产品进入了千家万户，我国网民数量的激增，手机的普及、手机上网的覆盖率达到了相当可观的程度，近年来4G甚至5G网络的全覆盖，更是为短视频的生存提供了良好的网络环境。可以说，短视频囊括了各个年龄层次、具有不同兴趣的受众需求，成为现代人获取信息最常见有效的手段之一。短视频具有篇幅时间短、内容短小精悍、传播速度快等特征，在快节奏的现代生活中，符合人们碎片化阅读的需求。随着科技的发展、信息技术的完善，人们每天接触的数字化信息增多，往往没有完整地读一本书的耐心与时间，读者的阅读兴趣由沉浸式深度阅读转变为碎片化浅阅读，而短视频顺应了时代的发展，契合了人们碎片化阅读的习惯，能够在满足受众娱乐需求的同时，给读者提供丰富、海量的信息阅读资源。②技术可行性。随着信息时代的不断发展、移动设备功能的不断完善，短视频的制作和拍摄变得非常容易。人们通过互联网就可以很容易地搜索到视频的制作教程，手机App也有很多视频制作软件，如In Shot视频编辑、剪映、快剪辑等都能很容易地实现短视频的剪辑制作，操作简单快捷。除图书情报学科背景外，很多图书馆馆员拥有计算机等专业学科背景，可以为短视频的制作提供良好的技术支持。短视频的包容性很强，无论是个人、互联网企业，还是图书馆、出版机构，只需确定主题与风格，便能在短时间内制作剪辑出内容精良的古籍推广视频，并快速广泛地传播开来。相比于文学评论、影视长视频等与古籍相关的专业性较强的内容形式，短视频因其时长短而对古籍内容创作者的阅读理解能力和知识储备的要求更低，更低的门槛使所有古籍爱好者都可以进行短视频创作。古籍中有着极其丰富的内容可供挖掘，无论是古籍修复者的故事，还是古籍知识的话题，抑或是短视频平台上经典古籍的解读，内容创作者都可以用更有趣、更轻松的方式诠释古籍，运用漫画、脱口秀、情景演绎等方式，配合背景音乐、动态特效对古籍内容进行可视化表达，让古籍融入日常生活。③平台可行性。古籍短视频只有在大众中广泛传播，被更多的读者浏览观看才能真正达到推广效果，实现文化传播的目的，而短视频平台的用户热度和算法推荐功能有着至关重要的作用。短视频平台在古籍保护和传承推广方面可以发挥其独特的优势，通过挖掘古籍的价值内容，将传统文化价值与现代信息技术相结合，将古籍的故事传递给大量用户，让古籍丰满生动，让其承载的文化价值和理念更好地走进人们的内心。由此可见，在短视频行业竞争中，抖音 App 已经占据了一定的优势，成为短视频行业的明星级产品。显然，好好利用抖音这个平台，对古籍保护和传承都大有裨益。④经费可行性。随着我国经济的发展和对文化建设的资金投入，图书馆真正实现了公益性文化资源的全民共享。我国图书馆的资金来源主要以政府拨款为主，通过开展产业性经营活动、接受社会募集和公私合作等形式获得的资金需要经过经费策划、预算执行、决算调控等环节才能进行使用。图书馆运用短视频进行阅读推广，短视频在拍摄、制作、发布等方面都是免费的，完全省去了资金申请烦琐的流程。

图书馆利用短视频进行古籍阅读推广可以采取以下策略。

第一，出版机构强化短视频新媒体意识。出版社作为古籍出版的主要来源和阵地，图书馆作为信息存储和知识服务的重要场所，应不断进行古籍数字化、智能化和网络化建设。因此，出版机构的运营管理人员和领导部门应抓住机遇、强化意识，提高对短视频平台的重视程度，并落实相关部门相关工作人员开通短视频账号。开通账号后，第一步便是完善账号信息，一个账号的信息越完善，其享受的功能与特权就越多，用户的体验感就越好。企业账号与个人账号也有所不同，作为官方机构，出版单位需要关注企业认证环节，在短视频平台上提供相应资质，经过短视频平台工作人员审核后，账号会被认证为官方企业单位，更具权威性。短视频行业门槛低，刚开始涉足并不困难，但要运营好短视频账号也并非易事。从短视频账号的创建、定位短视频特性，到投放的视频内容，投放方式、投放时间段等，都需要有条不紊，制订详尽的可持续发展的计划方案。出版机构入驻短视频平台后，要充分学习自媒体文化传媒企业管理运营账号的宝贵经验，要重视短视频平台的运营。除此之外，出版机构也必须培养短视频运营人才、管理人才、相关古籍专业人才。部分政府、媒体、企业官方账号影响力大的根本原因在于其团队强大，人才是创新的根本前提，加强相关人才队伍建设是出版单位推广古籍出版的重要环节。要想在古籍短视频推广工作中取得良好的效果，必须主动创造条件，对古籍短视频推广运营人员进行专业培训，提高他们的个人能力和业务素质。只有利用专业团队运营短视频账号，才能保持古籍短视频的内容质量，才能吸引更多受众关注，增强受众黏性，加大官方账号影响力，保证短视频古籍推广的可行性。对于短视频账号的运营，在队伍建设的同时，也要建立奖惩机制，激发工作者的积极性，使短视频古籍推广工作向稳定化、可持续化的方向发展。

第二，注重多平台短视频均衡发展，实现跨平台信息资源共享。目前，图书馆基本存在微博、微信、抖音等多平台使用的问题，如何处理各平台之间的关系格外重要。首先，每个平台都有自己不同的传播特点，微博可以发布图文、短视频、长视频，可以通过超级话题等实现与读者的线上互动，是创建最早的平台之一。微信公众号也是图书馆最常使用的阅读推广平台，图文消息可以嵌入文字、图片、音频等，除了可以给微信公众号订阅者推送图文消息，读者还可以转发图文消息到自己的朋友圈。微信公众号的交互性差，很难实现与读者的互动。抖音主要以短视频的形式发布内容，相比于微博、微信，抖音平台起步晚，读者使用率不高。图书馆多平台进行阅读推广，在使用时应注重各媒体平台的深度融合，使各平台均衡发展，同一视频作品，根据不同平台属性进行发布。图书馆可以在发布微信、微博内容的同时加强链接的使用，与抖音平台实现信息的共享，激励不同平台的用户访问抖音。抖音也可以通过今日头条等关联进一步扩展服务范围和阅读群体，提高短视频资源的推广率。

第三，古籍短视频推广运营团队建设。图书馆应加强古籍短视频推广专业团队建设，提升古籍短视频推广效率，提升其在短视频平台上的影响力。一方面，古籍保护单位应积极为工作人员提供深入参与古籍短视频推广项目的机会，熟悉从制作到传播的整个短视频创作链路，发掘出有潜力与意愿的工作人员进行定点培养，为其提供外出学习或自主学习的机会，强化其内容创作、拍摄剪辑、运营管理等专业技能，培养新媒体人才；另一方面，除了人才培育，还可以通过人才引进的手段来建设专业团队，广泛搜罗人才，凝聚团队力量，寻找相关领域的专业机构，在保证内容质量和内容审核过关的情况下，将运营工作交由更加专业的团队，保证整体运营管理水平。高校古籍保护单位则可以利用高校的人才聚集优势，收编更多有专业知识、具有创新思维的师生，一方面给予师生锻炼运营能力的机会，另一方面节省了短视频团队建设的开支。在完成人才招募、培养以及团队建设的工作后，需要构建起围绕短视频账号运营评价的机制对运营团队进行评估与激励，从而促成短视频运营的持续进步，保证其竞争力。短视频的账号运营机制可分为两部分：首先是基于作品数、粉丝量、转发量、点赞量等账号数据而建立的评价指标体系，依据这些指标数据反映出的用户对账号及其作品的满意度和认可度来对运营团队的整体运营情况进行评估，并定期依据评价指标数据判断一段时期内的运营效果，评估最受欢迎的主题与内容，确定好稳步发展的运营模式，为后续的良好运营提供引导；其次是通过调查研究对用户评论、用户二次创作、用户问卷结果等内容进行分析，接受来自外部的建议与意见，加强对外沟通与交流，从而不断优化运营效果。建立完善的短视频运营评价机制能够有效提升运营水平，提高用户满意度和官方账号的影响力，从而提升图书馆古籍阅读短视频推广效果。

第四，创新古籍短视频。短视频所呈现的是多感官的体验，因此短视频的制作要善于运用背景音乐、文字字幕和后期特效，为手中带来沉浸式的审美体验。短视频的制作有很多技巧，在制作时加入一些趣味性元素，可以缓解古籍带来的严肃气氛。古籍出版物本身有很多晦涩难懂的专业性知识，如果能够以短视频的形式进行推广，适当添加一些趣味性的言语，更易让受众接受。由于古籍的厚重感，许多年轻受众在阅读时会产生畏难情绪，故在后期整理剪辑内容时，也可以添加一些轻松化、娱乐化的素材。在字体字幕上可以配用一些活泼、积极、搞怪的字体，在背景音乐上可选用愉悦轻松的音乐，也可在视频中适当插入网络表情包，给予受众一种多感官结合的感受，使其在轻松愉快的氛围中学习古籍知识。在后期包装推广上，要注重提升短视频的表现力，尤其要注重短视频发布之时给人的第一印象。这就要求有一个好的、独具吸引力的标题。在数字化时代，人们接收信息高速化、碎片化，一篇文章、一段视频很可能埋没在茫茫的信息海洋中，一个独具风格的标题往往能第一时间抓住受众的眼球，从诸多数字信息中脱颖而出，要么利用情感引起观众的共鸣，要么利用专业术语勾起用户的好奇心和探索欲，要么利用悬疑、疑问句式来增强内容的神秘感，进而引导受众点进视频自己寻找答案。短视频在表现形式上有着其他媒体所无法媲美的优势，但完全没有优秀内容作为支撑的短视频也只是徒有其表，华而不实，无法走得长远，优质的作品内容仍旧是获得成功的关键。一条优秀的短视频除要注重多感官的感受外，在视频内容上也需下足功夫。以图书馆古籍阅读推广为主要内容的短视频，不能仅流于表面，要能够挖掘典籍中的文化内涵与创作背景，知人论世，仔细揣摩和推敲原文，找寻和提炼书中的内容精华。在传统古籍短视频制作与推广的过程中，应尽量避免选用古籍中枯燥晦涩的词句与段落作为视频的主要内容。艰深晦涩的视频形式与内容很难吸引用户的阅读兴趣，严重影响古籍的推广效果。在短视频推送过程中，话题新颖、语言新潮的短视频更容易成为热门视频，提高用户的关注度。在短视频用户中，年轻受众所占的比例特别高，采用网络流行热词来制作短视频能够有效提高视频的曝光度，与现代年轻读者的艺术认知与审美理念相契合。因此，在古籍文献短视频创作过程中，适当地融入时下流行语言梗与热门词汇，创新古籍推广形式，能够提高古籍短视频的推广效果与传播效率。

第五，关注古籍制作工艺并提供线下服务。古籍具有多重价值内涵，包括古籍的精神内涵以及古籍作为文物的物质内涵，故古籍的推广不应只拘泥于书籍本身，也应关注古籍的传统制作工艺。党的十九大上，习近平总书记强调弘扬大国工匠精神，掀起了对传统工艺挖掘的热潮。古籍的制作流程从制版印刷到书面装帧，各个环节都是由传统手工艺匠师细致、认真地一步一步手工完成的。这些传统的制作步骤和工艺流程鲜为人知，对现代群众而言是十分新奇而又富有吸引力的。随着移动互联网的发展，短视频的传播形态也产生了改变，线上推广不再是短视频内容传播的唯一方式。相比于影视长视频，短视频具有短小精悍的特点，具有很强的故事性和针对性，除具备艺术观赏性外，还具备空间实用性。这一重要特征使得短视频的线下体验引流成为可能。因此，除了通过短视频平台全方位展示传统古籍修复、制作过程与工艺技巧外，也可以为对古籍感兴趣的用户创造条件提供线下体验式服务。在拉近受众与古籍距离的同时，能够改变受众对古籍晦涩乏味的固有印象，对传统古籍起到良好的推广效果。

（四）提升阅读推广服务质量

服务质量是阅读推广服务工作的关键，也是提升用户满意度的核心。阅读推广活动的服务质量受到活动内容的影响，活动内容要富有创新性和丰富性，吸引活动参与者的注意，提高用户的体验满意程度。因此，为满足读者的个性化要求，图书馆开展阅读推广活动时应扩充其内容和形式，注重读者反馈，从而提升图书馆阅读推广活动的服务质量。图书馆阅读推广活动首先需要在调查了解读者兴趣的基础上选定创新有趣的主题，针对性地策划主题多样且覆盖共同兴趣点的活动内容。其次，各阅读推广主体可以使推广形式多样化，针对不同的受众，将活动内容以故事、视频、绘本等形式进行呈现，注意现场活动参与者的反馈。最后，积极做好活动结束后的调查，可采取调查问卷等方式获取现场服务质量评价，同时了解活动参与者对本次活动的满意度。图书馆应虚心采纳读者的意见，对反映较好的阅读推广活动的形式与内容加以推广，放大优势，并积极借鉴国内外优秀的阅读推广活动，创造出适合中国国情的阅读推广内容与形式，从而在提升服务质量的同时，满足读者的需求，提高读者参与体验的满意程度。

用户持续参与体现在重复享受某种服务的意愿以及向外宣传与推荐的可能性。首先，图书馆可联合各部门的力量，结合特殊节日、城镇特色、地方文化等契机开展具有特色的阅读推广活动，全面有效地引导公众形成规律的群体阅读习惯，且与读者共同创造阅读活动的品牌价值与效应。其次，选择目标群体偏爱的主题开展活动，进行交互式宣传，并通过用户画像等数据挖掘的手段，描绘不同群体阅读活动的偏好与需求，构建符合读者需求的服务模式，彰显活动的价值。最后，发挥线上媒体的作用，利用各种数字平台进行活动推送，使用户对即将开展的阅读推广活动有所了解和准备，且能够征求活动的方案并及时对活动内容进行调整，增强用户参与黏性，实现阅读推广活动价值的提升。

第三节　新媒体环境下图书馆阅读推广服务模式的创新

一、图书馆阅读推广服务理念创新

在开展阅读推广活动时，为了使读者更加认同图书馆举办的阅读推广活动，提高读者对活动的满意度，图书馆应该以读者为中心，将读者引入活动规划管理过程，真正做到依靠读者、走进读者，满足读者需求，提供让读者满意的阅读推广活动。图书馆不应仅仅做到以读者为中心，更要将读者从体验者转变为协同发展者，成为阅读推广活动共同建设的主要一方。图书馆可以采取以下几项措施实现读者身份的转变：首先，与读者协会等读者组织积极联系，设计规划阅读推广项目；其次，向社会招募志愿者参与活动，让志愿者承担前期宣传、中期监督管理以及后期调查反馈等阶段的工作；最后，图书馆可以通过调查问卷、线上投票等方式使读者能够参与活动前期的规划设计，让读者的需求真正体现在活动内容之中。

随着时代的发展与变革，人民的需求也在不断变化，因此体验式阅读推广中的体验元素也应该与时俱进，通过丰富多元的体验元素吸引更多的读者前来参与阅读推广活动。如《中国成语大会》《中国诗词大会》等节目，不仅通过趣味娱乐的方式丰富了人民的生活，更是在潜移默化的过程中传播了优秀传统文化，促使观众也成为参与者，自觉主动地成为文化传播者。这也从侧面表明阅读推广活动需要有趣味性、能够引发参与者的共鸣与互动，从而吸引更多读者参与其中，实现活动最终成效。因此，图书馆也应该通过这种方式实现自我创新发展，在体验式推广活动中更应该体现时代特征，挖掘目前公众喜闻乐见的影视作品，将其与阅读推广活动进行融合。例如，开展影视剧赏析活动，借助 VR 等新兴技术向前来参与活动的读者展示优秀的文化作品，让读者身临其境地感受到作品中主人公的喜怒哀乐。图书馆必须承担起复兴优秀传统文化的职责，可以借助传统节日开展相关活动，营造节日氛围，创新阅读推广活动的体验方式。需要注意的是，阅读推广活动可以采取多种体验方式相结合的形式，让读者在活动中感受到多元文化的影响，加深对活动的体验感与记忆。与此同时，在体验式阅读推广活动中加入 VR 以及 AR 等新兴科技，改变了传统阅读推广方式，借助新兴科技的力量丰富阅读推广活动的体验形式，将二维体验转变为三维立体感知，使读者更加深刻地感知到书中世界的精彩。这也表明图书馆在发展的过程中要善于运用新兴科技，发挥科技力量发展阅读事业。

二、图书馆阅读推广服务形式创新

新时代背景下，读者群体的阅读时间散碎且不固定，阅读缺少深层次理解，再加上多数读者自身的阅读习惯，使得整个阅读过程受外界因素的影响较大，这就需要图书馆在阅读推广服务中重视和加强读者的阅读体验感，不断调整阅读服务策略，增强读者对图书馆的黏度，拉近和读者的距离，充分发挥出新媒体网络服务平台的作用。例如，在信息技术的支持下，图书馆可以丰富馆藏信息来源渠道和供给，扩大读者的知识面。此外，对于现有推广服务形式也要进行创新，融入时代发展元素，开展多种形式的图书宣传和推广活动，培养读者的阅读兴趣，引导读者养成良好的阅读习惯，而且在这一过程中可以更精准地掌握读者的阅读需求，从而借助信息化渠道推送相关阅读信息，增强读者的阅读体验。

三、图书馆阅读推广服务内容创新

图书馆阅读推广服务还要进行内容创新。在阅读推广服务主题设置方面，可以根据类型学划分阅读内容，其中可以设置国内书籍阅读和国外书籍阅读、工科类著作阅读和文科类名著阅读，也可以设置有关奇闻逸事的小说阅读以及记录历史的史书阅读等。图书馆还可以通过使用新媒体演绎阅读内容，如戏剧、舞台剧等。在阅读成果反馈方面，图书馆可以通过书目、读后感或录制 vlog 视频等多种方式进行读者阅读成果的记录。

四、图书馆阅读推广服务人才创新

在图书馆阅读推广服务中，人才队伍建设至关重要。"阅读领读人"是具备一定资质，能够开展阅读指导、提升读者阅读兴趣和阅读能力的专职或兼职人员，培育对象包括各级各类图书馆和科研、教学、生产等相关企事业单位人员及有志参与阅读推广事业的其他社会人员。阅读领读人担负着宣传文化建设、传承文化脉络的责任，其专业素质直接影响阅读推广实施的效果。阅读领读人不仅要热爱阅读推广工作，热爱读书、知识丰富，而且更应在某一领域有相当的理论素养，可以为读者推荐自己擅长领域的图书，能够带领读者阅读并进行知识分享。建立一支高素质、稳定的阅读推广队伍，是阅读推广工作走向专业化、常态化的有力保障。一支优秀的阅读推广队伍应该是有奉献精神、有团结协作意识、能力出众、知识结构合理、执行力强的团队。阅读推广团队中高素质的领读人才能带领读者进行高质量的阅读。为此，公共图书馆应提高阅读领读人的技术技能，组织开展多种形式的培训，培养他们的服务意识和服务技能，并鼓励创新。

五、图书馆阅读推广服务空间创新

为了让读者在参与阅读推广活动的过程中产生沉浸式感受，图书馆可以根据不同主题的活动打造不同主题的阅读空间，在主题空间的打造过程中体现出活动的专业性。图书馆应该遵循因地制宜、综合运用的原则，根据自身藏书数量、图书主题以及图书馆内可利用空间的情况打造不同主题的阅读空间。图书馆可以选择从以下几个主题入手。

①打造专供欣赏艺术以及学习阅读的空间。该空间内应该包括艺术相关类的书籍以及文献，还可以专门开辟一小块空间放置各种艺术作品。设置艺术体验角不仅可以使读者通过书籍等二维平面视觉感受阅读内容，更可以使读者通过感知三维立体视觉设身处地地体会其中的内涵。

②打造手工体验阅读空间。其中，可以按照不同活动类型划分不同区域空间，例如，在木艺活动类型空间内放置有关木艺的书籍等，可以方便读者按照自己的需求更加快速地找到相关书籍。各个主题空间内的工作人员也应该知晓各种类型图书的分布区域，从而更好地引导读者找到所需书籍，并且在读者需要推荐时给予恰当的建议。

③打造表演互动类的主题空间。由于该主题空间需要读者与图书馆之间进行互动，因此必须预留出一定的自由活动区域，从而使读者能够在自由活动区域内开展相关阅读推广活动，如表演舞台剧、进行诗歌朗诵等。该主题空间内可以放置一些戏剧影视类的文学作品，激发读者的表演欲望。

④打造科技体验阅读空间。该主题空间的打造需要一定科技力量予以支撑，通过引入 VR 等新兴科技设备开展相关科技体验式活动，例如，开展科学实验活动，通过实际操作让读者更加清晰地了解科学事物的内在规律与逻辑。除此之外，如果图书馆具备一定的经济实力，还可以设置游戏阅读空间等。

⑤打造虚拟阅读空间。图书馆可以通过打造线上虚拟阅读空间，如建立微信群、开发图书馆 App 等多种方式，使更多读者加入阅读推广活动，将线下实体图书资源复制粘贴到线上虚拟阅读空间内，让读者可以随时随地进行阅读活动。

六、图书馆阅读推广服务机制创新

图书馆需要树立以制度创新为核心的发展理念，从机制优化上推动阅读推广服务，使之始终保持旺盛生机和活力。首先，图书馆需要积极响应各项发展决策，不仅要在人力、物力、财力上寻求各方支持，解决发展进程中的后顾之忧，还要不断拓展自身的服务能力。其次，图书馆需要对各项制度性工作进行优化完善，尤其是对阅读推广服务工作进行全年度的筹划、优化和总结，并且对开展阅读推广活动的工作人员建立必要的激励机制。最后，图书馆需要构建常态化的阅读推广机制，提高全民的阅读热情。政府在阅读推广服务中起着主导作用，要积极引导公共图书馆开展各项服务。政府应该制定相关的服务政策，改善管理系统和服务方式，建立阅读推广服务协调机制，给予专项经费，以保障公共图书馆阅读推广工作能有效开展。同时，政府应当扮演好引导者的角色，合理整合区域内文化领域的有生力量，带动全社会崇尚阅读，让阅读成为一种时尚和习惯，形成人人享受阅读的良好社会氛围。

第七章　新媒体环境下图书馆
阅读服务优化策略

在推广全民阅读的新媒体环境下，图书馆要创新服务方式、提升阅读服务水平，带给读者便捷、高效、优质的阅读体验，实现图书馆阅读服务高质量发展。本章分为新时期图书馆的发展与未来、新媒体环境下图书馆阅读服务的优化两部分。主要包括图书馆阅读数字化建设与发展、拓宽图书馆阅读资源供给边界等内容。

第一节　新时期图书馆的发展与未来

一、图书馆阅读数字化建设与发展

（一）加强图书馆阅读数字化建设

第四次科技革命给图书馆注入了新的活力,使图书馆进入了数字化建设时代。数字图书馆是文化传播的新途径，建设数字图书馆，不仅可以将纸质资源加工成电子资源方便存取，更能实现更大范围的信息获取和交流。图书馆阅读数字化建设，一是文献资源数字化，二是公共图书馆服务数字化，三是古籍资源数字化，四是总分馆服务体系数字化。随着城市中心公共图书馆数字化程度的提升，政府也开始重视基层分馆的数字化建设，特别是对边远农村地区来说，图书馆数字化的意义越来越大，一来可以缓解纸质资源缺乏的问题，二来通过现代化服务手段使读者可以随时随地检索、浏览、咨询，提高知识获取的便利性。因此，图书馆要找准自己的定位，通过引进数据库、自建特色数据库等方式加强自身数字化建设，提高数字化服务水平。

（二）增加图书馆阅读数字资源

图书馆数字化建设要推进基层公共数字文化服务推广实施项目，拓展馆藏空间、优化服务以及加大地方文献的征集入藏和数字化工作。例如，红色旅游城市拥有丰富的红色文化，也具备特色的民族文化、酒文化、茶文化等，这些文化资源应当被充分开发利用。因此，图书馆可以结合不同地区的区域特色，将这些文化资源数字化，建立特色资源数据库，丰富数字资源种类。此外，数字阅读资源建设必须考虑到建成后的资源体系能否惠及大多数群众，其中包括文化程度不高、经济条件差、信息素养不高的弱势群体。

（三）引导读者认识并使用数字阅读平台

数字阅读方式的出现丰富了读者的阅读体验，也提高了阅读的便捷性、及时性，使贫困地区、高原山区等的到馆不便人群也能充分享受阅读。图书馆应当做好数字化平台的开发工作，充分利用网络平台，如微博、微信公众号等提供图书咨询服务、进行活动信息宣传，通过手机平台给到馆不便的群体推送资源。图书馆开通了官方微信公众号，并且与数字图书馆连通，用户就可以通过关注微信公众号进入数字图书馆进行阅读，也可以通过平台联系图书馆获取其他服务。在后续的数字阅读推广服务工作中，图书馆可以加强对儿童、残疾人等特殊群体的阅读服务推广，充分利用数字技术加强对特殊群体的服务。

二、图书馆公共阅读空间发展

公共阅读空间可以视为传统阅读空间的升级阅读设施，全面提升了阅读空间的服务效能。新型公共阅读空间的兴起和发展，一方面是因为传统实体书店经营转型升级，另一方面得益于国家积极鼓励社会力量参与公共文化服务体系建设的政策环境。国家对公共文化服务体系建设的重视程度不断提升，并积极鼓励社会力量参与公共文化服务建设，为图书馆等传统公共阅读空间创新服务模式提供了政策支持，由此出现了"图书馆驿站""城市书房""悦书房"等众多不同品牌的图书馆公共阅读空间。图书馆公共阅读空间是高质量发展背景下图书馆领域的重要实践创新，也是推动图书馆实现高质量发展的重要内容。为进一步提升图书馆公共阅读空间服务效能，促进空间优化发展，笔者在遵循品质、均衡、开放及融合的服务高质量发展原则的基础上，结合图书馆新型公共阅读空间实践现状以及基于空间评论数据的公众相关需求等，最终提出我国图书馆公共阅读空间发展建议，具体如下。

（一）多元社会力量参与建设

图书馆公共阅读空间发展需要坚持政府主导，在政府统筹规划的基础上积极鼓励社会力量参与建设。一方面，图书馆新型公共阅读空间建设需要由政府主导，通过将其纳入政府民生工程项目，依靠政府力量迅速推动地方图书馆新型公共阅读空间落地。当前我国图书馆新型公共阅读空间建设存在显著的地域差异，只有坚持政府主导建设，才能推动各地区图书馆新型公共阅读空间均衡发展。同时，政府应提供政策支持，充分保障阅读空间的建设资金，推动新型公共阅读空间规范化、有序化、可持续发展。另一方面，多元社会力量参与是提升图书馆新型公共阅读空间服务品质、激发空间发展活力的重要内容。随着公众对丰富多样、更加高品质的公共文化的需求不断提升，传统体制之内的以政府为单一主体的文化服务供给模式已难以满足公众需求。同时，仅仅依靠政府建设及管理，财政成本较大。因此，为进一步促使图书馆新型公共阅读空间服务供给多元化，并缓解财政压力，空间建设需积极广泛地吸引社会力量。通过鼓励企业、社会组织等以合作兴办、承接政府购买服务、捐赠等多种方式参与图书馆新型公共阅读空间建设、管理、运营等，增强阅读空间发展力量、激发发展活力、丰富服务内容，从而提升图书馆新型公共阅读空间的服务供给水平。需要说明的是，积极鼓励社会力量参与并不意味着削减政府相关责任，只有各地方政府积极主动作为，实现政府主导及监督下的社会力量规范参与，二者相辅相成，才能推动图书馆公共阅读空间不断向前发展。

（二）加强数字阅读实体空间建设

图书馆应在数字阅读体验服务方面进行积极探索和不断改进，走出一条既有本馆特色，又能为读者提供高质量、沉浸式的数字阅读体验的可持续发展道路。

目前，许多图书馆并未将数字阅读实体空间的改造作为馆内服务的重要工作，没有紧跟时代发展的步伐，对以电子阅览室为代表的传统数字阅读实体空间缺乏布局的调整与设备的更新，将数字阅读体验服务停留在表面，缺乏深入探索，且随着手机、计算机普及，设备的不可替代性逐渐下降，实体空间的价值受到挑战。图书馆应该重视数字阅读实体空间的建设与改造，将数字阅读服务作为服务工作的重点内容之一，把实体空间改造和数字阅读服务进行有机结合，为读者提供更多具有图书馆特色、不可替代性强的数字服务。因此，图书馆应该对数字阅读实体空间进行整体的布局规划。图书馆在进行数字阅读实体空间改造的过程中，应注重提升读者的体验感和沉浸程度，对电子阅览室等传统空间进行调整，精简座位、更新设备，引入与本馆特色与定位相匹配的数字体验服务，合理规划不同设备的配比，提高读者对空间的使用率和满意度，进一步打造物尽其用的综合型数字阅读实体空间。同时，图书馆应将数字阅读实体空间建设纳入经费计划，并定期进行设备维护、收集读者反馈，进行效能评估。

图书馆要想提高数字阅读实体空间的服务效能和空间利用率，更好地助力读者进入沉浸式阅读、沉浸式体验状态，就要提供更具有针对性和交互性的服务，通过初步调研馆内读者组成情况，将读者按照不同特征和需求进行分类，有针对性地为不同类型的读者提供服务，如针对少儿读者的数字科普服务，针对学者或专业技术人员的专利检索、科技查新、创意设计服务等；增加互动性强的数字体验设备和活动，让读者在阅读与学习的过程中能够得到即时反馈，从而进一步提升挑战性、阅读兴趣，激发思维灵感。同时，图书馆要提高空间的可持续性和整体性，让读者在数字阅读实体空间的整体氛围营造下能够保持持续的专注，进入沉浸状态，提升阅读效率。因此，在新的技术背景下，公共图书馆应该适应读者阅读习惯的改变、阅读需求的深化，丰富空间和服务的种类，增设如学习共享空间、创客空间等新型数字体验空间，提供配套的活动、书籍，深化面向特定人群的针对性服务，让读者在数字阅读实体空间内能够更好地阅读、学习与交流，为创意的产生创造条件。在国外相关研究中，高校图书馆充分利用 AR 和 VR，为学术研究者提供了更加浸入式的学习空间，这对国内的公共图书馆来说也有着一定的参考意义。

目前，虽然部分图书馆具有数字阅读实体空间，但知名度低，使用率低，也无法有效获得读者的反馈。基于这个情况，图书馆应该加强宣传，拓宽线上线下宣传渠道，提升针对目标群体的宣传精准度，通过更加广泛的社会合作，扩大活动影响面，增强对读者的吸引力，提升用户黏度，使更多读者关注、了解数字阅读实体空间的功能与作用，从而吸引他们前来体验数字服务，提高空间关注度和利用率，进一步促进数字阅读实体空间的场所价值的发挥。

（三）精神的多维度建构

人们到图书馆除进行常规的看书学习、参加图书馆举办的活动和参观展览外，还与个人的性情、对生活的态度、文化传统和人生哲学等密切相关。图书馆作为公益性的社会公共文化场馆，人们来到这里不需要花费金钱就可以得到均等、丰富的公共文化服务。

①塑造知识空间。开放式和亲民化服务理念下的图书馆深受市民欢迎，人们在图书馆里获得了构建个人精神空间的环境。阅读是理解、领悟、吸收和鉴赏的思维过程，人们在图书馆阅读书籍的过程中，将个体的思考和感悟与书本内容互动融合，内化为自己的知识和思维情感及价值观，逐步构建个人精神空间，实现自我完善与发展。图书馆的文献资源为读者提供了知识服务，同时，读者在图书馆内还可以通过博览群书开阔眼界，参加知识科普性讲座提高自己的文化素养，进而充实自己的知识空间。馆内丰富的藏书不仅能够满足读者专业知识的学习需求，也能够使读者扩展和发掘自身爱好，涉猎各种领域的知识，丰富自己的学识，塑造自身知识空间。

②构建思维空间。读者在图书馆内学习，除了能够更直观、更容易地获取到不同领域的知识，还能够在阅读和参加活动的过程中发展自己的思维能力，培育理性思维，构建思维空间。市民在构建思维空间层面具有很高的需求和主动性，图书馆正好为民众提供了相应的渠道和平台，满足市民需求。

③丰富审美空间。阅读、参观展览、参加活动和观赏纪录片都是审美活动，在图书馆的正面导向下，市民可以从阅读中获得审美体验，引发审美愉悦，提高审美品位，还能够被激发出审美创造力，并且市民在看展中可以提升自己的审美素养，丰富审美空间。

④涵养价值空间。图书馆内的读者普遍具有较高的素质，能够在馆内遵守相关规定，保持安静、卫生，维护馆内良好秩序，但仍存在小部分不和谐的现象，如大声喧哗、追逐、成年人坐在儿童专区的座位上等。面对这些不和谐的现象，馆员和志愿者会及时提醒，儿童专区的桌面上也贴着提醒标识，相信通过图书馆内积极正向的环境感染，不文明不和谐现象会越来越少。人无德不立，良好的道德品质构建了市民的价值空间，读者素质不断提高，城市的整体素质也不断提高，从而形成良性循环。

（四）基础设施和服务的完善

图书馆公共阅读空间基础设施的完善情况直接影响公众对空间的利用满意度，是基于公众需求空间进一步优化发展的重要内容之一。当前，由于缺乏统一的建设要求及规范，我国大部分图书馆公共阅读空间建设较为随意，空间设施及设备配备等缺少明确标准，导致空间基础设施不完善。此外，由于图书馆公共阅读空间自身是一类小型精致的公共文化设施，空间占地面积通常较小，无疑会制约空间设施配备。为在有限空间内尽可能实现空间核心功能及服务，空间相关基础设施及服务自然需要压缩。因此，有限的空间面积与完善的空间设施之间必然的矛盾，造成图书馆新型公共阅读空间基础设施普遍不十分完善，且该问题已成为公众对图书馆新型公共阅读空间不满的重要因素。

为更好地满足公众在空间内的基本需求，提升图书馆新型公共阅读空间整体服务品质，图书馆需要进一步完善空间基础设施，在此基础上提升空间基础服务水平。例如，完善空间卫生设施，定期进行空间的清洁工作等，保障空间环境的清新、干净与整洁；完善空间网络设备，为公众提供数字时代日常工作生活所需的基础网络服务；完善空间充电设备，为公众随身携带的电子阅读及学习产品提供充电服务。此外，空间基础设施还包括空调设备、饮水设备等，这些基础设施为公众长时间利用空间提供了基本保障。

（五）阅读体验的优化

品质化是公共文化服务高质量发展的主要内涵之一，是高质量发展背景下图书馆公共阅读空间进一步优化发展的重要内容。对于图书馆公共阅读空间，品质化发展不仅要求空间文化资源与服务等具有较高质量，同时也表现为空间环境的高品质，体现在环境的优美与舒适两个方面。一方面，优美精致的空间环境能够给予利用空间的公众以美的感受，极大地优化公众体验，增强公众使用空间时的愉悦感，从而提升公众对图书馆新型公共阅读空间的满意度。另一方面，舒适温馨的空间环境有利于空间主要文化功能的实现，图书馆良好优质的空间阅读及学习环境能够更好地满足公众的相关文化需求。

物质实体空间为人们交往互动所产生的情感提供物质载体，因此，特定群体产生的特定记忆和情感得以寄托和留痕。图书馆空间环境为读者的感知和互动提供了承载的真实场所，因此成为搭载着人们丰富记忆和充沛感情的情感空间，使读者产生充实感、陪伴感和仪式感。图书馆内多样的活动能够使读者在丰富的情感经历中充实自身情感空间。首先是阅读活动，阅读不同的书籍能够给人带来不同的情感体验，使人获得精神空间的充实感。图书馆在长期服务中给予读者亲切温暖的陪伴感，图书馆每天接待大量读者，人们在馆内发生各种各样的交往行为，书写着自己与图书馆的故事，留下了对图书馆的独特记忆和情感，也构建起对城市形象的独属印象。图书馆空间将读者个人的情感记忆和观点态度与这座城市连接起来，这些情感可以消除人与城市之间的陌生感和断裂感，提升人们在城市中的归属感。图书馆的长期服务带给读者陪伴感，使他们对图书馆产生了独特且深刻的情感体验，充实了自身的情感空间。图书馆在通过阅读活动联结人与图书馆的过程中具有仪式感，在图书馆内，读者都会主动或被动地获取关于图书馆的信息，与图书馆产生互动行为。图书馆在潜移默化中为读者传递了图书馆的信息。读者进入图书馆参加活动也是一个充满"仪式"的过程，图书馆内举办的活动大多需要提前在微信公众号进行报名，报名通过后方可参加。在这个过程中，读者不仅是信息的被动接收者，还是主动传递信息的角色，而且读者在信息传递中能够获得参与感和体验感，例如，听从工作人员的指示出示相应的信息、在程序进行中与身边其他读者进行信息交流、指导和告知其他读者注意事项等。在"入馆"这个过程中，读者能够感知到图书馆的服务态度和服务理念，感受到图书馆传达出来的价值观，这个信息传播过程中充当传播媒介的就是图书馆空间本身。读者进入图书馆和参加图书馆活动需要按照规定和指示做出一系列动作，形成了独属图书馆的"入馆仪式"，人们在这种具有重复性和相似性的行为中保留了对图书馆的集体记忆和地方感，获得专属图书馆的仪式感。

（六）专业服务水平的提升

图书馆公共阅读空间是以借阅服务为核心的公共文化设施，空间主要功能即为公众提供图书借阅服务。围绕空间设施的核心功能，不断提升核心服务水平，是图书馆公共阅读空间优化发展的重要基础，也是图书馆公共阅读空间相比其他类型阅读空间的核心竞争力所在。图书馆公共阅读空间的专业借阅服务可以体现在以下几个方面：阅读书籍的个性化专业推荐，即根据公众的个人需求，为不同公众提供具有针对性的书目；阅读图书查找，即为公众提供精准的图书检索和图书查找服务，以帮助公众快速准确地定位及获得空间内所需书籍；专业阅读设备的相关服务，包括为公众提供阅读设备的使用教学服务、使用规范说明服务以及设备故障管理等，以保障空间内公众对阅读设备的正常使用。因此，为进一步提升图书馆新型公共阅读空间相关借阅服务的专业性，从而增强空间整体服务效能，图书馆应着力加强对空间工作人员的专业技能培训，提升工作人员的相关专业服务水平。同时，图书馆应提高空间借阅设备的智能化水平，通过更加智慧的个性化服务弥补新型公共阅读空间自助服务模式下工作人员缺乏的不足。此外，空间阅读专业性还体现在阅读推广活动开展方面，图书馆可以通过常态化的空间阅读推广活动，提高空间阅读服务专业水平。

（七）阅读习惯的培养

图书馆作为城市公益性公共文化设施，向市民提供免费、均等、便捷的阅读服务，让更多的市民走进图书馆，享受图书馆提供的阅读文化服务。同时，向市民提供阅读服务是公共图书馆的重要职能之一，是图书馆事业的使命。市民阅读行为的形成和阅读习惯的培养是推进"全民阅读"和提升城市文化形象的重要方式，阅读习惯的养成是社会阅读风尚得以形成的根本。图书馆对市民阅读行为和阅读习惯的培养有着重要作用，作为社会文化教育机构，图书馆可以为多样阅读活动提供场地和活动空间，向市民传授阅读知识与方法，向他们推荐更多更优秀的亲子阅读文献，并向他们提供亲子阅读场所、提供阅读交流平台和营造舒适愉悦的阅读氛围。让市民走进图书馆、了解图书馆，进而培养市民的图书馆意识与情结，从而使市民养成阅读习惯。在"全民阅读"推广中，图书馆承担着培养市民的终身学习意识的责任，通过向市民宣传"图书馆是一所没有围墙的大学，是能让市民终身学习的场所"，向市民宣传"活到老，学到老"的人生意义，使市民在阅读文化经典陶冶个人情操的同时，参与图书馆各类文化活动，如公益讲座、展览、读书沙龙、纪录片放映交流会等，在城市中形成浓厚的阅读氛围。

图书馆通过引导和强化市民的文化阅读观念，使市民陶冶情操、开阔眼界、提升文化修养和精神境界。文化阅读过程是阅读个体感悟文化的过程，图书馆是市民构建个人精神空间的场所，阅读是个体的一种个性化行为表现。读者需求多元，图书馆在满足读者多元化阅读需求的同时，还要对读者的阅读做出良性引导，并且在强化读者阅读行为的引导过程中，要对馆员素养提出较高要求。

融合发展成为近年来公共文化服务领域的重要发展理念，也是公共文化服务高质量发展的重要内涵之一。图书馆公共阅读空间进一步优化发展，需要不断推动空间与其他公共设施的融合发展，并促使多元社会力量参与到图书馆新型公共阅读空间的建设及管理中，以此进一步增强空间资源服务的多元供给，丰富空间的相关文化功能。当前，借助广泛多样的社会力量，推动图书馆新型公共阅读空间主题化发展，已成为空间实践发展的重要趋势。

图书馆公共阅读空间是以图书借阅为核心功能的复合文化服务空间，因此除为公众提供专业的借阅服务外，图书馆新型公共阅读空间通常也应具备其他相关文化功能。图书馆应定期在公共阅读空间内开展阅读推广活动，围绕图书举办各类文化展览、知识讲座活动等；提供文化休闲服务，借助数字设备向公众提供多媒体文化资源等；推动图书馆公共阅读空间主题化建设，如医学健康、音乐艺术、科学技术、体育运动、人文历史等，借助多元社会力量丰富空间资源、深化空间服务功能；推进图书馆公共阅读空间的融合发展，鼓励阅读空间向景区、学校等区域扩展，进一步促进空间服务及功能多元化；适当提供营利性文化产品及服务，如文化创意产品、小食咖啡经营等，但应明确营利性服务相关制度规范，保证空间营利性服务有序发展。

（八）规范管理可持续发展

图书馆公共阅读空间规范化发展是保障空间服务高效、稳定、可持续的重要内容，也是空间在高质量发展背景下进一步优化提升的必然要求。当前，我国图书馆新型公共阅读空间建设已逐步走向规范化发展阶段。在政府相关政策支持及制度规范下，部分地区的图书馆公共阅读空间建设迅速且发展成熟，空间服务与管理也在相关政策或法律规范下更加科学、有序、稳定。可以说，只有依靠统一的规范或标准，图书馆新型公共阅读空间服务效能稳定性才能得到充分保障，空间才可能实现长期可持续的发展。

图书馆公共阅读空间规范化发展主要体现在以下几个方面：①空间建设规范，主要包括图书馆新型公共阅读空间在设施建设过程中的统筹规划、选址布局、空间设计、建设模式、项目施工、工程验收等，保障阅读空间物理建设的标准规范；②空间服务规范，包括阅读服务、借还服务、活动开展、文化交流等相关规范，保障图书馆新型公共阅读空间服务水平及服务稳定性；③空间管理规范，涉及空间开放、空间使用、设备使用、人员管理、合作运营管理等方面的规范，保障图书馆新型公共阅读空间运转科学有效；④社会力量参与规范，包括社会力量准入及退出规范、社会力量监督管理规范以及相关业务培训规范等，以控制社会力量参与空间发展的不确定性；⑤评估规范，包括图书馆公共阅读空间服务效能评估相关标准等，通过空间评估促进阅读空间服务效能不断提升。图书馆公共阅读空间优化发展，要充分重视空间相关标准及规范建设，通过政策制度或法律的稳定性、强制性，保障空间科学有序以及可持续发展。

第二节 新媒体环境下图书馆阅读服务的优化

一、拓宽图书馆阅读资源供给边界

新媒体环境下图书馆阅读服务要线上线下相结合，强调拓展阅读资源供给范围与阅读推广活动规模，依据群众的实际需求开展形式多样的阅读推广活动，将阅读推广活动规模科学控制在合理范围内；持续推进线上阅读服务，加强各馆网站、微信公众号和小程序等线上平台的数字阅读资源更新，推送优质阅读资源，丰富群众精神、提升全民素养。依托公共图书馆区域一体化发展与城乡帮扶政策和相关标准，将实力雄厚的公共图书馆拥有的部分智慧阅读设备下沉到基础力量薄弱区域，通过基础设备的流通，拓宽阅读服务的建设范围。

图书馆的阅读推广服务是一种二级传播甚至是多级传播过程，且是双向传播。图书馆在该传播过程中充当"把关人"与"意见领袖"的角色，将阅读资源筛选、整合并以多样化的推广方式将信息传递给读者，在阅读服务中充当"中间人"的角色；读者吸收从图书馆得到的阅读资源，经过自身思维与价值观的筛选与总结，对阅读资源进行评价与反馈，将需求向图书馆表达与反馈。未来图书馆应继续深入完善阅读资源供给、创新阅读推广方式，在优质阅读资源的特色化、多元化、泛在化、集成化和阅读服务的精细化、便利化、智能化建设方面下足功夫，加强基础设施建设与资源筛选推介。

图书馆阅读服务转型应充分利用阅读资源储备，借助智慧技术，由均等化服务转向以用户个人特征为导向的精准化服务；由单一个体阅读供给转变为用户自身和用户群之间的交流、互动，形成知识交流网络。图书馆在阅读推广过程中，应将用户定位由服务使用者、服务接收者转向服务决策者；阅读资源供给内容由馆藏资源拓展为用户创建资源、馆藏资源和社会共享资源三者共同供给。图书馆还应从需求侧出发，主动拓宽阅读服务高质量发展范围，提升精确度与时效性；主动感知并挖掘读者的潜在阅读需求，提高收集读者显性阅读需求的频率；从源头精准把握阅读资源供给方向，为读者提供优质、精细化阅读服务。其中，特色阅读资源是稀缺的、不可再生的，具有独特的学术研究价值，同时也为公众提供了无可替代的知识储备。特色阅读资源是图书馆作为文化传承机构和文献服务机构的核心，特色资源的丰富决定了图书馆对读者的吸引力高低。因此，在完善基本阅读资源的基础上，特色阅读资源的完善也必不可少。图书馆应顺应时代发展的趋势，依托 5G、大数据、人工智能、区块链等技术，为广大读者提供更加精准的公共数字文化服务。通过智慧阅读服务，不断丰富数字资源总量，创新资源样态，提升资源质量，培育打造数字文化服务品牌。

二、实现场景化阅读服务体验

新媒体环境下，图书馆馆员应善于灵活运用新型信息技术，缩小用户对线上阅读服务与线下阅读服务的感受差距，重视用户行为与用户情感的分析与感知，为用户提供个性化的适应性服务，构建丰富智能阅读场景，匹配用户信息需求与场景感知。在 5G 时代背景下，服务是个性化的，是智能的，并随着时空的变化而转变。随着公众需求越来越丰富，图书馆阅读服务的个性化转型向公共图书馆提出了更加高效精密的服务要求。尤其是对视觉能力衰退的特殊群体而言，图书馆还应完善无障碍阅读辅助工具，不仅应加强对实体设备的配备，而且应及时完善新媒体阅读服务平台的无障碍阅读功能。无障碍阅读辅助工具的设计应依照产品设计简洁、易用、稳定、智能四大原则，高质量满足适老化及无障碍政策。以广泛开展理想信念教育、弘扬爱国情怀与奋斗精神为导向，图书馆应结合馆藏红色阅读资源，开展主题阅读推广活动，按照主题布置阅读空间场景。图书馆要感知用户需求，及时掌握用户相关信息，当面对用户的服务需求时可以提供"场景感知"式服务，快速了解用户的各种基本情况，感知用户的服务需求，感同身受地为用户服务。图书馆应拓展阅读服务智慧应用场景，依托云计算、人工智能等新一代信息技术，推动阅读服务智慧化发展。运用人机交互、VR 等技术，为用户提供"沉浸式""体验式"阅读服务。

新媒体环境下图书馆应以文旅融合为契机，打造共享型阅读空间项目，科学合理地规划阅读空间，从资源主题、元素集成、乐学共享等方面综合分析，合理设计空间的分区与布局，将空间功能由单一功能转变为融合功能，在同一空间范围内集成阅读、旅游、教学、众创、游戏等多功能，满足人们的多样化需求。基于新型信息技术的发展，图书馆的空间建设在完善实体建筑空间的基础上，引入了创新性信息技术，如 5G 技术、VR、AR 等，旨在实现智慧阅读服务转型，为读者提供沉浸式阅读的环境保障。图书馆还应聚焦数字化建设，优化直播平台，创新"线上＋线下"服务模式，同步推动数字阅读空间、智慧景区建设。

三、提升图书馆工作人员的阅读服务水平

图书馆工作人员是图书馆活动的组织者、管理者，图书馆工作的好坏、图书馆社会作用的大小、图书馆用户的满意度高低和图书馆工作人员的工作水平、业务能力、服务精神和道德素养等是息息相关的。未来，图书馆的事业发展离不开高素质的人才队伍，图书馆的高水平服务离不开专业化的人才队伍，因此，完善选人用人机制，培育一支具备现代化意识、创新服务意识和专业水准的图书馆服务团队对于图书馆来说具有重要意义。

图书馆应制定发展目标任务，对人才队伍建设进行科学规划。人才队伍建设规划要依靠全面细致的现状调查和供需分析，紧密结合图书馆事业发展的需求，以事业发展需求和问题为导向，使各个具体目标、策略、行动方案具备可行性和针对性，做到目标明确、切实可行、责任到位，才能让规划落到实处，真正助推图书馆事业发展。

图书馆服务优化还要结合实际需要，培养复合型、专业化的人才。图书馆基础服务以普通图书、报纸杂志、视听资料及考试、休闲、地方文献、多元与创意等主题文献信息资源为主体，为用户提供基本的文献借阅、书刊导读、用户培训、信息咨询、展览、讲座等服务。未来，图书馆基础服务将会向主题化、专业化的多层次服务转型，因此要支持基础服务主题化、专业化发展，少不了专业化的人才。同时，图书馆具有体系建设推手、城市文化地标、终身学习中心、泛在知识门户、公共交流平台、多元文化窗口六大使命，各使命对人才的能力需求各有侧重。因此，图书馆需结合实际需要，培养复合型、专业化的人才。

图书馆服务优化过程中还要开展形式多样的继续教育培训，提高人才层次，制定和实施适应业务发展和岗位需求的继续教育培训，健全完善继续教育体系，定期开展继续教育培训需求调查，确定科学合理的培训目标、培养方式、培训计划，不断丰富和完善继续教育培训内容。图书馆应加强员工的学历教育，落实相关政策，鼓励员工攻读更高层次的学历学位；鼓励部门、员工通过面授、网络课程等形式自主学习，倡导岗位培养和终身学习，为员工搭建学习平台；定期举办学习沙龙，提升员工的文化素养与综合素质。

对表现优异的图书馆馆员给予认可和奖励既有利于激励个人及全体馆员奋发向上，也有助于提高图书馆馆员对自身工作的满意度和忠诚度。图书馆应改变过去因人设岗的做法，采取定性和定量相结合的方式按需设岗。图书馆在制定岗位责任时，必须经过充分的调研，合理地测算不同岗位的工作量，厘清各岗位的任

职条件、工作标准、工作职责等，将具体工作细化；实施岗位聘任制，通过人员竞聘的方式选拔任用优秀的人才到合适的岗位上，有助于人才的合理流动，能够为员工提供人性化的双向选择机会，使有志于为图书馆事业奋斗的员工脱颖而出；持续完善内部绩效分配制度，对不同岗位的工作内容、重要性、困难度等充分考虑，逐步实现注重岗位绩效的激励机制，坚持按劳分配、多劳多得、优绩优酬，激发馆员的积极性、主动性和创造性，为用户提供更好的服务。

图书馆应继续完善现行的服务专项考核制度，由馆部、职能部门和服务部门代表组成考核小组，开展常态化的服务考核活动，同时根据馆员的岗位、任务和工作量等适当地调整评价标准，尽可能地反映图书馆馆员的工作绩效和服务价值。图书馆在进行人员评价时，可综合不同的评价模式，除常规的笔试外，还可根据实际需要实行馆员互评、自评等方式，积极引入社会第三方评价作为人才评价的补充方式，建立用户主导的服务质量评价机制，积极听取读者的意见建议，增强用户与图书馆的互动性，让用户监督图书馆的各项工作，促使图书馆馆员严格要求自己，提高服务水平，积极为用户提供个性化、专业化的优质服务。

图书馆馆员的职业精神应包括学习精神、合作精神、以人以本的服务精神、开拓创新精神、社会责任感、尊重文献知识信息等。图书馆馆员的职业精神应贯穿职业能力中，同时有助于增强图书馆馆员的事业心和责任感。因此，图书馆在业务发展中应坚持培养与使用相结合，发挥"以馆员为本"的管理理念，引导馆员根据全馆目标和自身情况规划个人职业发展目标。只有将图书馆馆员的职业精神、个人职业发展规划和图书馆发展目标相结合，图书馆才能更好地满足用户需求，图书馆馆员才能获得更好的发展，得到社会的更多认可与支持。

四、构建全链条阅读参与模式

图书馆与社会力量应秉承"价值共生、高效协同、长期共赢"的合作理念，运用新技术、新机制、新模式，继续深化业务合作，促进科技与文化高质量融合发展。社会力量参与图书馆服务的方式包括通过政府购买服务方式参与图书馆服务；通过资本合作如兴办实体、资助项目、赞助活动、提供产品和服务等方式参与图书馆服务；参与图书馆组织的文化培训、阅读推广、辅助管理等文化志愿服务；以民营图书馆等其他方式参与图书馆服务。阅读推广志愿服务流程按照需求分析、计划制订、活动审核与落实、志愿者招募与培训、服务实施、监督评价、激励与绩效评估几方面展开。图书馆应发挥馆藏阅读资源丰富的优势，促进资源的有效配置，为其他各机构的创新提供补充，形成合作主体间的资源与能力补充生态链；通过阅读推广服务跨界合作的优秀案例，间接地为其他机构带来宣传，带动其他行业的绩效发展，形成阅读服务产业链。集合社会力量共同参与搭建阅读服务供给平台，丰富阅读资源供给渠道，促进全链条参与模式，为精准化阅读服务转型提供动力。其中，图书馆在企业选择过程中应该注意，小型企业具有开发成本低、响应度高的优势，大型企业具有强大的行业影响力，有助于新服务的宣传与扩散。①积极响应设立图书馆发展社会基金。随着图书馆的运营经费不断攀升，政府不会毫无节制地为图书馆提供财政支持，图书馆的发展也不应该完全依赖政府财政。公共图书馆应该以政府财政为基础，积极引入社会资源，这样才有助于公共图书馆事业的长远发展。图书馆应该设立图书馆发展社会基金，引入有志于参加公益事业的社会资源。在引入社会力量参与图书馆事业建设时，双方应秉持平等互利、效益共享、分工协作、读者权益最大化等原则，积极取得政府的支持，对参与图书馆事业的社会力量给予政策关怀，从而激发社会力量的积极性，为图书馆事业提供可靠持续的资源。

②培育图书馆志愿服务团队。志愿者是公共图书馆与用户之间的桥梁，既是公共图书馆服务的提供者，又是公共图书馆服务的接受者，而且是公共图书馆发展的重要力量。志愿者能够在一定程度上解决图书馆人力资源不足的问题，通过图书馆志愿服务，他们对图书馆的工作、业务有了更深刻的了解，进而促使他们宣传图书馆，吸引更多人进入图书馆，提高了图书馆的社会服务效益。志愿者的双重身份使得他们在服务他人时，能够站在用户的立场去思考，发现图书馆在服务和管理方面的不足，并及时反馈给图书馆，帮助图书馆提升服务水平。图书馆除向志愿者提供基本的业务培训外，还要根据志愿者的专业特长、兴趣爱好等调配合适的岗位指导他们进行服务，也可以增设"专业志愿者"岗位，让社会各界的专业人士来参与服务，对于表现突出的志愿者可给予适当的激励，体现志愿者服务的价值。

③健全图书馆理事会等法人治理机构。健全图书馆法人治理结构，有利于提高行业专家等社会力量的参与程度，对图书馆的社会化发展和规范运行起到重要作用。图书馆要完善已建立的法人治理模式，不断提高图书馆治理认知水平，落实公共图书馆法人自主权，优化运作机制，构建公共图书馆共治体系，推动公共图书馆理事会进一步发展。

五、加强阅读服务交流与反馈通道的建设

作为面向读者的"把关人"，图书馆筛选内容为读者提供信息；读者也是图

书馆阅读服务的"把关人"，选择满足自身需求的信息。图书馆在未来的阅读服务中，应提供更加精准和个性化的服务方式与阅读资源，对阅读服务的把关应从资源、技术、空间、服务形式等方面进行，如资源内容质量与资源形式的选择、阅读服务依托的新型信息技术与系统的使用与资金成本和服务效益的配比、服务空间改造的效能、服务形式的可持续性和用户服务满意度等，重在实现对服务质量的评估。原有的基于线性传播模式的"把关"方式已不适应当下新媒体快速的、大量的、去中心化的传播特点，信息技术模糊了读者和图书馆的信息受众与传播主体之间的界限，任何一个拥有新媒体工具的个人、组织都能够阅读信息、制作信息、传播信息。不仅图书馆能够筛选阅读内容，读者和用户也是阅读资源的筛选者与制作者，为图书馆提供阅读资源。

以用户为本是图书馆管理与服务理念的变革，同时要求图书馆立足于用户的需求，从用户的实际利益出发，各项工作必须围绕着用户而展开，重视用户的个性化选择。因此，图书馆既要有以用户为本的管理服务理念，还要以用户的需求为导向提供相应的服务。与此同时，用户对图书馆服务需求程度和满意度的高低决定着图书馆服务效益、社会价值。用户的需求和满意度是一个不断变化和发展的动态过程，图书馆应该积极开展用户需求调查、访谈，了解用户的想法；运用大数据分析的办法对检索记录、查询记录、借阅记录等数据进行分析，挖掘用户的潜在需求。现有的图书馆都有属于自己的微信公众号、微博账号、直播平台等，读者用户可以更加便捷地与图书馆互动交流，并突破时间与空间的限制及时获取所需信息。推动图书馆阅读服务向"以人为中心"发展，应该充分利用新媒体社交平台，加强读者反馈通道的建设，优先关注还没有开通读者服务即时反馈平台的图书馆；对于已经开通反馈通道的图书馆，应该重点关注其长久的可持续发展，定期调研其功能维护。图书馆应改变原有的将微博作为第二个"根据地"的现状，充分利用微博平台的视频、直播等多种服务方式。微博具有内容即时发布、每日发博数量不限的优势，图书馆可以每日在不同时间段发布不同专题阅读推广内容；微博评论功能可以作为公开透明的公众参与、公众监督、公众反馈通道，读者既可以在微博评论栏评论，也可以通过私信向图书馆发送私信反馈意见；微博直播通道可以作为图书馆线上展览、线上服务监督平台，直播馆内工作流程，让公众更加深入、"沉浸式"体验图书馆服务氛围；完善微博的底导菜单设置，开发微博的阅读服务潜在功能，提高微博发布的内容质量，转变现有的零碎内容推送方式。

　　图书馆应学习优秀服务案例，在参照其优势的基础上结合自身资源特征完善自己的服务内容。图书馆应形成"订单式"服务机制，以需求为转型路径的发源，注重读者需求和反馈意见的收集，使读者能够通过图书馆的需求反馈通道向图书馆积极反馈，再由图书馆相关工作人员及时将读者需求整理反馈，回复读者并制定阅读服务改善规划，从而提升自身服务水平。用户是图书馆服务的需求发起人和最终受益人，因此，图书馆服务的质量需要由用户来评价。图书馆馆藏的多寡不是衡量馆藏价值的唯一标准，而应该由用户来判断馆藏是否自己所需、是否具有价值；图书馆馆员学历、专业技术职称的高低不再是评价图书馆馆员的唯一标准，而是用户通过对图书馆馆员的服务态度、能力、效果来判断；先进性与便利性不依赖图书馆建筑面积和设施设备的简单堆砌，而是通过用户的使用感受来评判；图书馆的相关业务建设、规章制度是否符合用户的利益，也必须通过用户的体验来评价。总而言之，用户是图书馆服务评估全过程的参与者、监督者、实施者。因此，图书馆应当建立以用户为中心的服务评估机制，根据用户的意见，有针对性地提高服务水平。

参 考 文 献

［1］梁宏霞．读者阅读心理、行为与图书馆服务 [M].镇江：江苏大学出版社，
　　　2016.

［2］付跃安．图书馆移动阅读服务策略研究 [M].北京：社会科学文献出版社，
　　　2016.

［3］穆桂苹、王鸿博、崔佳音．图书馆管理与阅读服务研究 [M].沈阳：辽海出
　　　版社，2020.

［4］高春玲．图书馆移动阅读服务研究 [M].北京：科学出版社，2018.

［5］袁萍．图书馆管理策略与阅读服务创新研究 [M].沈阳：辽海出版社，2020.

［6］曾妍．移动阅读在图书馆实行的可能性分析 [J].图书馆建设，2009（2）：
　　　70-72.

［7］姜洪伟．数字阅读概念辨析及其类型特征 [J].图书馆理论与实践，2013（9）：
　　　9-11.

［8］卢荣华、柳炳祥．试论新媒体技术在图书馆阅读服务中的应用 [J].兰台世界，
　　　2014（35）：120-121.

［9］易红、张冰梅、宋微．市民移动阅读选择偏好性和持续使用性影响因素的
　　　实证研究 [J].图书馆理论与实践，2015（1）：32-37.

［10］吴自勤．农村公共阅读服务体系问题之研究 [J].图书馆学刊，2015，37
　　　（10）：71-73.

［11］柯平．数字阅读的基本理论问题 [J].图书馆，2015（6）：1-6.

［12］赵素娟．新媒体时代图书馆阅读服务 [J].考试周刊，2017（2）：21.

［13］阿依努尔·吾甫尔．图书馆阅读服务策略的创新措施 [J].知音励志，2017
　　　（3）：306.

［14］杨柳.依托新媒体，创新图书馆阅读服务模式[J].文教资料，2018（13）：89-90.

［15］周昭文.新媒体背景下图书馆阅读服务研究[J].江苏科技信息，2018，35（10）：14-16.

［16］崔颖.图书馆移动阅读服务需求的几点思考[J].科学咨询（科技·管理），2018（2）：62-63.

［17］方海燕.立体阅读：图书馆经典阅读推广的有效模式[J].图书馆工作与研究，2014（12）：104-107.

［18］王荣凤.图书馆移动阅读服务的必要性探究：评《图书馆移动阅读服务研究》[J].图书馆工作与研究，2018（10）：2.

［19］张泽梅、吴斯佳.图书馆移动阅读服务创新研究[J].情报探索，2020（8）：86-91.

［20］袁彦.立体阅读在图书馆经典阅读推广中的应用[J].花炮科技与市场，2020（3）：306-307.

［21］刘星、魏巧玲.新媒体环境下的图书馆阅读推广服务[J].文化月刊，2021（12）：118-119.

［22］贺庆.新媒体环境下图书馆引导读者移动阅读模式探析[J].科教导刊，2021（10）：175-177.

［23］官建玲.新媒体在图书馆阅读推广服务中的应用[J].兰台内外，2021（33）：74-76.

［24］苑秀娟.我国图书馆阅读推广服务标准建设与研究[J].河南图书馆学刊，2021，41（9）：125-127.

［25］赵萌.媒介变迁视域下图书馆阅读服务模式的演化与发展[J].江苏科技信息，2021，38（14）：78-80.

［26］王宏霞.媒介变迁视域下图书馆阅读服务模式的演化与发展[J].河北科技图苑，2021，34（3）：53-56.

［27］杨媛媛.图书馆阅读推广创新服务模式研究[J].传媒论坛，2021，4（16）：139-140.

［28］方卿，王欣月，王嘉昀.智能阅读：新时代阅读的新趋势[J].科技与出版，2021（5）：12-18.

［29］张文彦、于成 . 移动阅读的历史、特征与未来 [J]. 图书馆论坛，2021，41
（4）：71-78.

［30］孙杨、李任斯茹 . 城镇化进程中农村公共阅读服务体系建设的创新路径 [J].
创新创业理论研究与实践，2021，4（5）：151-152.

［31］吴建华 . 专题：基层图书馆阅读服务体系研究序 [J]. 图书情报工作，
2022，66（3）：3.

［32］王姝涵 . 公共图书馆儿童阅读行为研究 [D]. 哈尔滨：黑龙江大学，2021.